大人の語彙力が身につく本

裸の王様にならないために

あなたは語彙力《ごいりょく》に自信がありますか？

きっと、いくらかの不安があるからこそ、この本を手に取ったのでしょう。

表現力が足りないせいで、思っていることがうまく伝わらない気がする……。

自分が何気なく使っている言葉は、実は間違っているのでは？

言葉の引き出しが少なくて、バカっぽく見られているかもしれない。

そうした不安を持つ人は大勢います。正しい日本語を確かめたい。たくさんの言葉を知りたい。そんな思いから、本書のように日本語や語彙力をテーマにした本をお読みになるのではないかと思います。

子どもであれば、多少、言葉が間違っていても、「ご愛嬌《あいきょう》」ですまされます。

若者であれば、やや崩れた言葉づかいでも、笑って注意される程度で終わります。

では、大人は？

たとえば、五十代になっても「マジで」ばかり言っている人や、「愛くるしい」「可《か》憐《れん》」「健気《けなげ》」などと表現すべきことをすべて「かわいい！」のひと言ですませてしまう大人を見て、どう思いますか？　少なくとも、知性や品性を感じることはないでしょう。

いい年齢やそれなりの立場になると、言葉を注意される機会は減ります。

年下の人や部下・後輩が注意してくることはないでしょうし、目上の人だって「この年齢までこんな言葉づかいだったなら、もう変わらないだろう」とあきらめて、わざわざ注意などしません。ただ、はっきりと言葉や態度に出さなかったとしても、内心ではあきれ、軽蔑《けいべつ》しているものです。そして、本人は注意されないのをいいことに、乱れた言葉づかい、幼稚な言葉づかいを続けるのです。まるで**裸の王様**状態ですね。傍《はた》から見れば、最も恥ずかしい状況です。裸の王様になりたくないなら、自ら意識的・定期的に自分の言葉を見直し、年齢や経験・立場に応じて使う言葉を磨くことが必要です。

そのように感じている方が多かったからでしょう、この本が最初に刊行されたとき、「言葉づかいに自信がない」という大学生・若手社会人、「立場に合った語彙を知りたい」

という管理職、「場をわきまえた気品ある言葉を使いたい」という高齢の方など、たくさんの読者のみなさまに支持いただき、累計十二万部のロングセラーとなりました。

「四十過ぎても知らない言葉があり、ためになりました」

という声もあれば、七十七歳の方からは、

「裸の王様になりたくなかったので、言葉の力をつけるために買いました」

との声も届いています。

「春から社会人になる我が子にも読ませます」

と教えてくださった方もいて、性別に関係なく、幅広い世代のみなさんに手に取ってもらえたことを感じました。今、この本を読んでいるあなたにも、お役立ていただきたたく存じます。

語彙力に関する二つの罠《わな》

言葉を磨くアプローチとして、本書では語彙力を高めることを提案します。

同じ内容を言葉にするにしても、年齢や相手、状況に応じて、格の高い表現を用いたほうがいい場合があります。たとえば、「頑張ります」よりも「精進《しょうじん》いたします」と宣言するほうがふさわしい場面があります。「すみません」よりも「申し開きもできません」と謝罪するほうが、反省の深さが伝わることもあるでしょう。言い方の引き出しを増やし、語彙力を高めていれば、仕事でもプライベートでも、まわりの人から一目《いちもく》置かれる存在になることが可能です。

ただし、語彙を広げ、正確な言葉づかいをしようとする際、陥りがちな二つの残念なパターンがあるので、注意が必要です。

一つは、**にわか敬語の就職活動生**状態です。就職活動の際、それまで敬語や接遇《せつぐう》用語を使ってこなかった学生が、急に言葉づかいを正そうとして、不自然になっていることがあります。やたらと「御社《おんしゃ》」を連発したり、面接官への挨拶《あいさつ》で「お目通りが叶《かな》い、恐縮至極《しごく》に存じます」などと、いったいいつの時代の手紙なのかと思うような、堅苦しい言葉づかいをしたりするのです。

慌ててマニュアルを暗記したのでしょう。言葉が自分のものになっておらず、それこそ「身についていない」状態です。そのため、面接での定番の質問にはすらすらと答えられるのに、少しひねった質問になると、言葉がたどたどしくなってしまうのです。

ここであなたにお伝えしたいのは、「言葉やその意味を、表面的に覚えるだけでは足りない」ということ。言葉の本質をおさえたうえで、文脈に合わせて柔軟に使いこなせるようになってこそ、真に「語彙力を培《つちか》った」ということができます。


もう一つの残念なパターンが、**格言引用癖のあるおじさん**状態です。

『論語』を読むと、『論語』の格言を朝礼で引用する。大河ドラマに熱中すると、ドラマの台詞《せりふ》を部下との会話で口にしてみる。新しい知識をひけらかしたくて、すぐに引用するおじさん……。あなたのまわりにいませんか。もしくは、あなたが……？

語彙習得も、そうした知識自慢に陥りかねません。故事成語などを学ぶことは素晴らしいことですが、だからといって、気の置けない相手との昼食時に、

「身内に甘いのはだめだね、泣いて馬謖《ばしょく》を斬《き》るって言うだろう？」

などと言うと、まわりはしらけてしまいます。

言葉は使いどころが肝要です。学んだものを闇雲《やみくも》に披露すればいいわけではありませ

ん。状況や、相手と自分の年齢、立場などをふまえ、適切な言葉を選ぶことが必要です。

「認知語彙」と「使用語彙」

言葉の知識には、二つの段階があります。

まず、文章の中で見れば、何となく意味がわかる「**認知語彙**」。語彙の数え方によっても語彙数は変わってきますが、一般に日本人の大人には、この認知語彙が数万語あるとされています。

一方で、実際に自分の発言や文章の中で使いこなすことのできる言葉の範囲を「**使用語彙**」といいます。使用語彙の数は、認知語彙の五分の一から三分の一程度だといわれています。

実は、この二種類の語彙をバランスよく増やすことが、語彙力のある知的な大人への近道です。

そもそも認知語彙の少ない人は単語数を増やさなくてはいけません。しかし、認知語彙ばかりに力を注ぐと、ただ雑学的な知識が増えるだけです。身につけたいのは、日常のさりげない言葉に知性を感じさせるような、大人の語彙力です。それには、使用語彙を増やすこと、つまり、**本当にわかっている言葉を増やす**ことが欠かせません。

本当にわかっている、とは少し抽象的な言い方ですが、別の言い方をすれば、手ごたえを持って理解しているということです。言葉の語源や由来、ニュアンスなどを理解し、どのような状況で使うのが妥当なのかを実感し、適切な文脈で使うことができる状態をいいます。意味の三択クイズで正解することがゴールではありません。

本書が目指す「大人の語彙力」

本書では、一つひとつの言葉に対し、それを本当に使いこなす（＝使用語彙に加える）ための詳しい解説をつけました。辞書的な意味だけでなく、例文、由来、どういった状況なら使えるか、類似の表現とは何が違うかなどを詳しく説明しています。

また、本書で紹介する言葉は、使えるシーンや難易度を考慮して「使える順」に配列し、五段階評価もつけています。

大学生や若手社会人はまず★五つを自分のものにすることを目指してください。三十代、四十代以上の方は★三～四つを使えるようになるとよいでしょう。★一～二つは、あらたまった文章・スピーチ向けですが、いざというときのために、少なくとも知っている状態（認知語彙）にはしておきましょう。

言葉は、世の中をとらえる窓です。

言葉を知ることは、その言葉が背負う価値観、気づかいなどを知ることでもあります。

本書で取り上げた表現にも、謙虚さや思いやり、誠実さを感じられるものが多くあります。それらを深く学ぶことは、単なる言葉の習得を超え、ビジネスや人づきあい、自己研鑽《けんさん》をしていくうえで、大いに役立つはずです。

本書を読むことが、正しい日本語知識を習得するのみならず、あなたの心のひだを増やし、より豊かな人生を送ることにつながれば、著者としてこの上ない喜びです。

国語講師　吉田裕子

※本書は２０１７年７月に小社より刊行された『大人の語彙力が使える順できちんと身につく本』に加筆・修正したものです。

『新版 大人の語彙力が使える順できちんと身につく本』目次

第1章

仕事がなめらかに進む挨拶の定番表現

第2章 さりげなく人を立てる表現

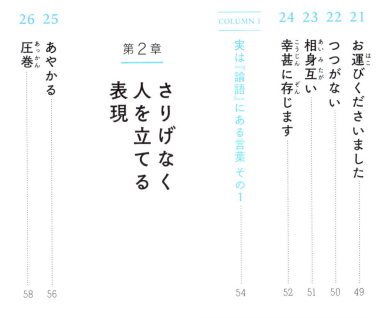

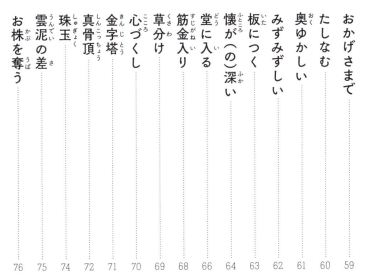

第3章 反省を真摯《しんし》に訴える表現

第4章 文書・メールでよく使われる表現

第5章 伝統をふまえた日本ならではの表現

第6章 言いにくいことを穏やかに伝える表現

第7章 大人なら知っておきたい表現

ブックデザイン　大場君人
DTP　茂呂田剛、畑山栄美子（エムアンドケイ）

この本の使い方

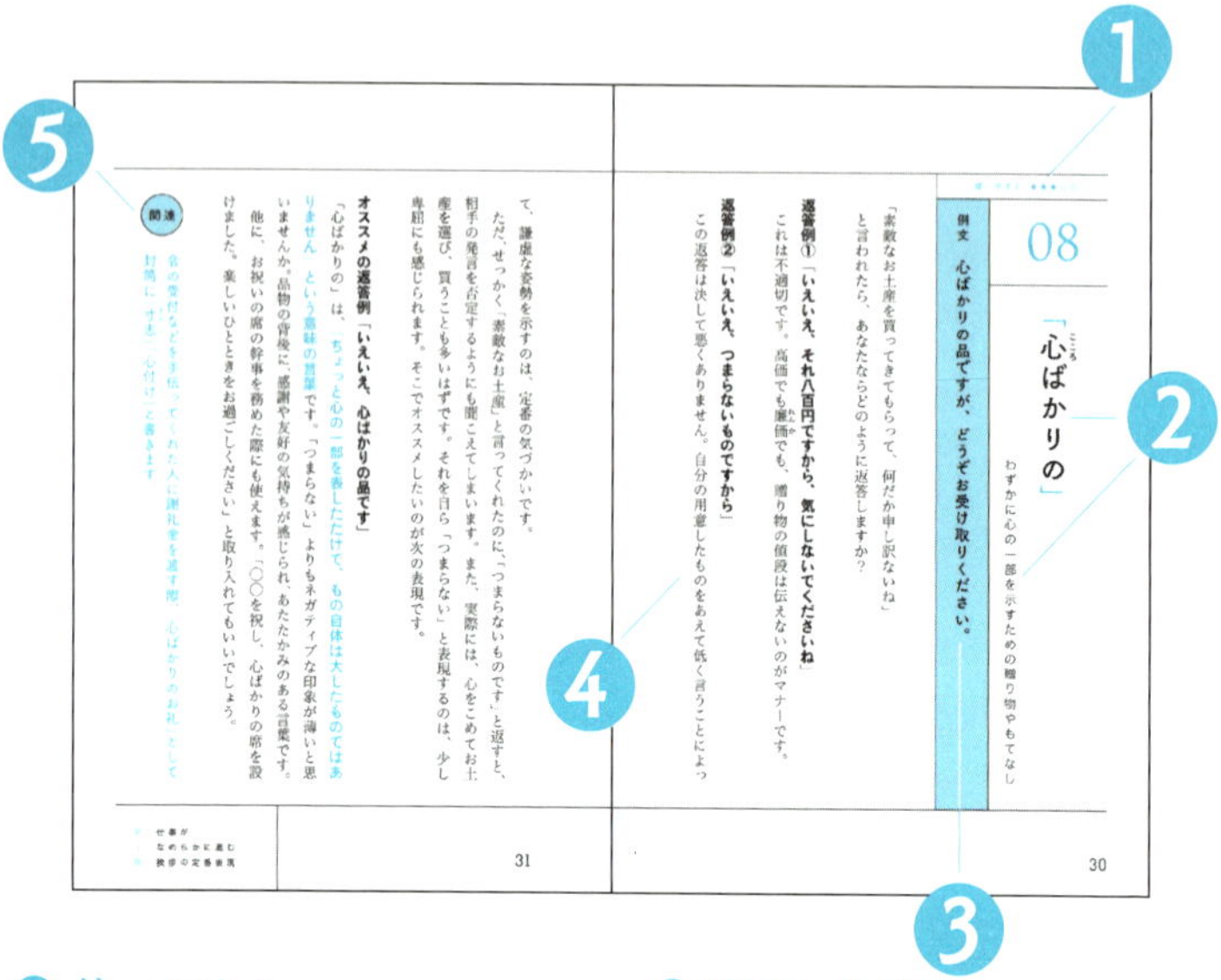

❶ 使いやすさ

各章とも、実生活に取り入れやすい順に並んでいます。★5つは若手でも使いこなしたい言葉、★3～4つは30代、40代の人に使いこなしてほしい言葉、★2つ以下は、手紙や書面、スピーチなどのあらたまった場面に取り入れてみましょう。

❷ 言葉と意味

時間がない人は、言葉とその意味だけを拾い読みしてもかまいません。パラパラめくり、気になる言葉を読み込むのもオススメです。

❸ 例文

会話やメールで実際に使いそうな例文です。自分が使う場面をイメージしましょう。

❹ 説明

イメージや由来、他の語との使い分けなどを説明しています。しっかり読むことで、言葉を自分のものにできるでしょう。

❺ 関連・注意

類義語や対義語などを紹介し、より語彙を増やせるようにしています。イメージのわきにくい言葉があれば、辞書やウェブ検索で確かめてみましょう。

Key Word　漢語と和語

説明で、「漢語」と述べているのは、音読みの漢字だけで構成されているかたい印象の言葉です。漢語には同音異義語もあり、音だけでは意味を把握しにくい場合があるので、文章に向いています。

「和語」とあるのは、ひらがなの言葉や訓読みの漢字からなる言葉で、やわらかい印象で、会話や個人的な手紙で使うのに向いています。古風で上品な印象の語もあります。

第1章

仕事が
なめらかに進む
挨拶の定番表現

　仕事や人づきあいにおいて、身につけておきたい大人の言葉づかいがあります。この章では、あらたまった挨拶やスピーチなどで定番となっている言葉を集めました。日常会話よりも少し背伸びをした言いまわしを知り、徐々に実生活に取り入れていきましょう。安定感や信頼感をかもし出せるはずです。

使いやすさ ★★★★★

01

「おそれいります」

ありがたい、あるいは、申し訳ないと思い、遠慮する気持ち

例文 **おそれいりますが、次回の書記をお願いできますでしょうか。**

私たちは普段つい「すみません（あるいは少し崩して「すいません」）」を多用してしまいます。人に声をかけるときも、何かを頼むときも、謝罪するときも、お礼を伝えるときも、何でも「すみません」と口癖のように言ってしまう人もいますね。この「すみません」を「おそれいります」に置き換えるだけで、ぐっと上品な印象に変わります。

この「おそれいる（恐れ入る）」を漢語表現にすると「恐縮する」ですが、どちらにせよ、**自分の身にはもったいないほどの厚遇を受け、かえって申し訳なく、身の縮むような思いをすること**を指しています。単純に恐ろしく、怖く思うのとは少し違って、いたたまれず、遠慮したくなるような感じです。ですから、身のほどをわきまえた謙虚な姿勢を

表すときに使えます。

同じく遠慮の感情を表す語に「かたじけない」「痛み入る」があります。もう一段、古風な感じがありますので、日ごろの会話には取り入れにくいかもしれません。しかし、ここぞという場面やお礼状などで「何から何までお手伝いくださり、誠にかたじけなく存じます」「あたたかい励ましを賜《たまわ》り、痛み入ります」のように使ってみると、深い感情が伝わります。

そういえば、女子校の中には、「おはようございます」「さようなら」といった挨拶のかわりに、「ごきげんよう」を使うように指導している学校があります。このひと言だけで、急に「お嬢さま」というオーラが出てきますね。「ごきげんよう」は、なかなか気軽には取り入れられないかもしれませんが、同じように口にするだけでずいぶん印象が変わる言葉、「おそれいります」「かたじけない」「痛み入る」をぜひマスターしましょう。

関連　相手のするどい洞察力や腕前などに感服した際にも「おそれいりました」という表現が使えます。

使いやすさ ★★★★★

02

「心《こころ》待《ま》ちにする」

期待しながら待つこと

例文 また皆さまにお目にかかれますことを、心待ちにしております。

「一日千秋《いちじつせんしゅう》の思い」という言葉があります。非常に待ち遠しく思うあまり、一日《いちにち》が千年にも感じられるほどだ、というのです。

そこまでいうのはやや大げさにしても、**待ち遠しく、もどかしく思う人や物事があるものです。そのようなとき、「心待ちにする」を使いましょう。**

楽しみにしている気持ちが心の底からわき出るイメージの言葉ですから、日常的にメールのやり取りをしている相手に対し、「ご返信を心待ちにしております」などと送るのは大げさで、プレッシャーを与えかねません。はじめてや久々に会える相手との対面などに使うのが自然です。

関連 期待して待つ様子は「待ち焦《こ》がれる」「首を長くする」「待ちわびる」「待望する」ともいいます。

03

「お足《あし》もとの悪《わる》い中《なか》」

雨や雪の降る中

例文　**本日は、お足もとの悪い中お集まりいただき、ありがとうございます。**

オンラインミーティングやSNS、メールで気軽にやり取りができる時代です。相手のもとに出かけていくことは「わざわざ」という感覚をともないます。それが天候の悪い日ならなおさらです。ですから、**雨や雪が降り、不快な道中を来てくれた人に「お足もとの悪い中ありがとうございます」とねぎらいと感謝を伝える**のです。「雨の中」でも間違いではありませんが、婉曲《えんきょく》的な表現のほうが上品に聞こえます。それは、夏に「暑いですね」よりも、「蒸しますね」と言うほうが涼しげに聞こえるのと同じで、いやな状態をはっきり口にしないほうが奥ゆかしいからです。

関連　遠くから来た相手には「遠路はるばるお越しいただき」「ご足労をおかけし」も使えます。

使いやすさ ★★★★☆

04

「ひとかたならぬ」

並々でないこと

例文 ひとかたならぬご愛顧を賜《たまわ》り、厚く御礼《おんれい》申し上げます。

「マジで」「超」などは、大人が使うべきではない若者言葉の代表例ですが、深い恩のある相手には、ただ「お世話になりました」というだけでは物足りませんね。どうしても「本当、マジで、超・超・超お世話になりました!!」と、言いたくなってしまうようなとき、その強い思いを伝えるのにオススメの言いまわしが、「ひとかたならぬ」です。

これは平安時代から見られる言葉です。「ひとかた（漢字では一方）」が通り一遍《いっぺん》で平凡であること、「ひとかたならず」と打ち消して、通り一遍でない、並外れた様子であることを意味します。少し古風な表現であるだけに、重みを持って思いを伝えることができます。

格別にお世話になった人にお礼を伝える場合にはもちろん、**異動や退職などの重要なことを知らせるメールや、郵送するお礼状・挨拶状（年賀状など）のような、少しあらたまった連絡に向いているフレーズ**です。

ですから、逆に、日常的なお礼で、この言葉を乱用するのはよくありません。大げさで嘘《うそ》くさく感じられ、発言全体が、心のこもっていない軽薄なおべっかのように聞こえる危険性があるからです。

また、注意したいのは身近な人（家族、同僚など）や後輩などにはあまり使わない表現だということです。目上の人、また、取引先などの少々距離のある人に対して使うものだと覚えておきましょう。

この言葉はまだ自分には使いこなせない、自分の年齢や雰囲気に似合わないと思う人は、かわりに「誠に」「甚《はなは》だ」「格別に」などを取り入れてみてください。

関連

「ひとかたならぬ」と同様、お礼の気持ちを強調する古風な表現に「甚《いた》く」「ひとえに」があります。

使いやすさ ★★★★☆

05

「有終《ゆうしゅう》の美《び》」

最後まで全《まっと》うし、立派に終わること

例文　晩年に手がけた作品が好評を博したのは、まさに有終の美でした。

「あの人は今」といった類《たぐい》のテレビ・雑誌の企画があります。かつて一世を風靡《ふうび》した人が、今、何をやっているかを追跡するものです。おおむね「あんなに活躍していたのに、今ではこんなに惨《みじ》めな生活を……」といった方向性で、決して趣味のよいものではありませんが、そうした企画が好奇心を掻《か》き立てるのは、たいていの有名人が、だんだん失速し、静かにフェードアウトしてしまうからです。

フェードアウトとは逆に、強く印象を残す終わり方があります。それを「有終」と呼びます。最後の最後まで活躍していてこそ、見ている人の胸に「終わりの瞬間」が刻まれます。

身を引くころまで十分な実力があり、引き際でも見事な成果を出す。そんな立派な様子を称《たた》え、有名選手の引退試合のときなどに「惜しまれつつも、有終の美を飾りました」というわけです。

有終の美を飾ることを願い、最後にもう一花咲かせようとする人は多いのですが、なかなか簡単にはいきません。実際、「有終」の出典である中国古典『詩経』でも、「克《よ》く終わり有るは鮮《すく》なし」と述べられています。それならば、いっそ、「立つ鳥跡を濁《にご》さず」のイメージで去って、潔《いさぎよ》く後進に道を譲るほうが賢明かもしれませんね。

くれぐれも「往生際《おうじょうぎわ》が悪い」とか、「晩節《ばんせつ》を汚《けが》す（それまで高い評価を得てきたのに、最後でそれを台無しにしてしまうこと）」などと言われるような、みっともない終わり方をしないよう、気をつけましょう。

関連　途中には失敗もあったものの、最後が立派であるために悪い評判が帳消しになることを「終わりよければすべてよし」といいます。

使いやすさ ★★★★☆

06

「身《み》に余《あま》る」

処遇や与えられる仕事が、自分の立場や能力を超えていること

例文 **身に余る大役ですが、謹《つつし》んでお受けいたします。**

自分の身（身分、立場、能力）からすると、過剰なほどのよい処遇や、重要で難しい仕事が与えられることに対して、恐縮する気持ちを表すものです。「分不相応《ぶんふそうおう》」「過分《かぶん》」でも同じです。

これらは、自分にはふさわしくないから辞退したいと訴える場合にも、驚くほどの待遇を光栄に思い、深く感謝する気持ちを伝える場合にも、使うことができます。

なお、責任が重すぎたり、仕事の難度が高すぎたりして、どうしても遠慮したいと伝える場合、「荷が重い」「荷が勝つ」という言い方もできます。

関連 「（私には）もったいない」「恐れ多い」という言葉でも、同じ気持ちを伝えられます。

使いやすさ　★★★★☆

07

「趣《しゅ》向《こう》を凝《こ》らす」

おもしろみや趣《おもむき》のために工夫すること

例文　**このホテルでは、シェフが趣向を凝らした料理が評判らしい。**

物事を行ったり何かを作ったりするうえで、おもしろくなるようにする工夫やアイデアのことを「趣向」といいます。また、「凝らす」は、目的のためにあれこれ考えをめぐらせることを指しますので、**「趣向を凝らす」で、おもしろくなるようにあれこれ考え、工夫するという意味になります。**

自分の側が創意工夫したことをアピールする場合にも、相手の側の工夫を称える場合にも使うことができる表現です。

普通とは一味違う、個性的な工夫を試みている場合には、「ひねりをきかせた」「創意工夫を加える」と表してもよいでしょう。

関連　あまりに常識から離れた趣向は「奇をてらっている」などと批判されることがあります。

使いやすさ ★★★☆☆

08

「心《こころ》ばかりの」

わずかに心の一部を示すための贈り物やもてなし

例文 **心ばかりの品ですが、どうぞお受け取りください。**

「素敵なお土産を買ってきてもらって、何だか申し訳ないね」と言われたら、あなたならどのように返答しますか？

返答例①「**いえいえ、それ八百円ですから、気にしないでくださいね**」

これは不適切です。高価でも廉価《れんか》でも、贈り物の値段は伝えないのがマナーです。

返答例②「**いえいえ、つまらないものですから**」

この返答は決して悪くありません。自分の用意したものをあえて低く言うことによって、謙虚な姿勢を示すのは、定番の気づかいです。
ただ、せっかく「素敵なお土産」と言ってくれたのに、「つまらないものです」と返すと、相手の発言を否定するようにも聞こえてしまいます。また、実際には、心をこめてお土産を選び、買うことも多いはずです。それを自ら「つまらない」と表現するのは、少し卑屈にも感じられます。そこでオススメしたいのが次の表現です。

オススメの返答例「いえいえ、心ばかりの品です」

「心ばかりの」は、**「ちょっと心の一部を表しただけで、もの自体は大したものではありません」という意味の言葉**です。「つまらない」よりもネガティブな印象が薄いと思いませんか。品物の背後に、感謝や友好の気持ちが感じられ、あたたかみのある言葉です。
他に、お祝いの席の幹事を務めた際にも使えます。「〇〇を祝し、心ばかりの席を設けました。楽しいひとときをお過ごしください」と取り入れてもいいでしょう。

関連

会の受付などを手伝ってくれた人に謝礼金を渡す際、「心ばかりのお礼」として封筒に「寸志《すんし》」「心付け」と書きます。

使いやすさ ★★★☆☆

09

「お粗《そ》末《まつ》さまでした」

あまり大したものを提供しなかった、と謙遜すること

例文 **これはお見苦しいものをお見せしました。お粗末さまでした。**

昔、こぢんまりした旅館に泊まったときのことです。食べ終えた私が、「ごちそうさまでした」と席を立つと、調理場から「お粗末さまでした」という声が飛んできました。普通なら「ありがとうございました」と言われそうなものですが、それがあえて「お粗末さまでした」という挨拶だったのが新鮮で、昔ながらの旅館の風情《ふぜい》にふさわしい、奥ゆかしさを感じました。

本来この言葉には返答しなくてもよいのでしょうが、私は思わず「とんでもないことです。おいしくいただきました」と返しました。実際、とても素敵なお料理をいただいていたからです。そもそも旅館側も、プロとしてよい料理を提供しようと手間暇をかけ

ているはずで、そのことに自信も持っているはずです。でも、その腕前が相手に認められたときに、**得意気なリアクションをすることなく、「お粗末さまでした」と謙遜してみせるのが、上品な作法なのですね。**

たとえば、あなたが手料理を披露したり、パーティーや接待を取りしきったりしたときに、目上の人から「ごちそうさまでした」とお礼を言われたら、この言葉を使ってみましょう。

少々よそよそしい感じもある言葉ですので、気心の知れた、身近な相手であれば、「どういたしまして」と言うだけで十分です。

また、余興で出し物を担当したり、趣味の腕前を披露したりするなど、何か自分の特技を見せる機会があった際にも、この言葉を使うことができます。右の例文は、そういった場面を想定しています。

関連

自分の絵や文章などを人に見せるときには、謙遜して「お目汚しで失礼いたします」と言います。

使いやすさ ★★★☆☆

10

「僭《せん》越《えつ》ながら」

自分の領分を越えてはいるが

例文 **僭越ながら、私からひと言ご挨拶申し上げます。**

結婚披露宴の挨拶をはじめ、人前でかしこまったスピーチをしなくてはならない場面では、緊張して頭の中が真っ白になるのを避けるため、あらかじめ原稿を作る人も多いでしょう。独創的なスピーチを目指す人は別として、無難に乗り切ろうとするのであれば、AIに相談したり、本やインターネットで文例を調べたりすれば、すぐにスピーチの文面を作ることができます。

かしこまった挨拶であればあるほど、定型表現の占める割合が高いものです。出だしの定番が、「ただいまご紹介にあずかりました○○です。僭越ながら……」です。では、この「僭越ながら」はどのような意味でしょうか。

「僭越」の「僭」は身分不相応に調子に乗ることを表した字で、歴史用語の「僭主《せんしゅ》」（非合法な手段で強引に君主の地位を奪った者）にも使われています。「越」も、自分の立場や資格を越えてしまうことを表していますので、自分の身のほどをわきまえず、出過ぎた真似をしていることを意味しています。

また、「ながら」は逆接を表します。「まだ子どもながら、しっかりしている」というときと同じ使い方です。

したがって、「僭越ながら」は、**「本来自分のような立場の低い者がこのような大きな役を務めるのは分不相応であり、そのことを自分でもよくよくわかっているが、依頼されたので精一杯務めさせてもらう」という気持ち**なのです。

ただの定型文で終わらせず、使う言葉の意味を知り、心をこめて言うことができれば、あなたの言葉はいっそう相手の心に響くものになることでしょう。

関連

類似表現に「恐れながら」「憚《はばか》りながら」「恐縮ながら」など。これらや「僭越ながら」は、目上の相手に忠言するときの前置きにも使えます。

使いやすさ ★★★☆☆

11

「はなむけ」

門出を祝い、贈り物をしたり宴席を設けたりすること

例文　私からはなむけの言葉を贈りたいと存じます。

スマートフォンで「はなむけ」と入力してみたところ、「花向け」という変換候補が出てきました。これは全くの誤りなのですが、この本をお読みの方の中にも、この漢字表記だと思っていた方がいらっしゃるかもしれません。実際、卒業・退職される方には、お花をお渡しすることが多いですからね。

しかし、漢字で表記する場合、「餞《はなむけ》」、あるいは「鼻向《はなむ》け」と書くのが正解です。

語源がよくわかる「鼻向け」からご説明しましょう。元は「馬の鼻向け」といい、旅立つ人の道中の無事を願う、おまじないのことを指しました。馬の鼻を目的地の方角に

向けることで、安全に目的地まで到着することを願ったのです。

そこから、**旅立つ人の門出を祝って激励する壮行会・送別会のような宴席、また、その際に贈られる金品や言葉などのことも「はなむけ」と呼ぶようになりました**。それが次第に「餞別《せんべつ》」の「餞」の字で表記されるようになっていったわけです。

送別会の誘いに「このたび栄転されるAさんのために、はなむけとして一席設けたいと存じます」と織り込んだり、餞別の品に「ささやかなものですが、せめてものはなむけに」とひと言添えて渡したりすると、しゃれた大人の雰囲気を出せるでしょう。

なお、相手のこれからが明るいものであるよう祈るのが餞です。一抹《いちまつ》のさびしさは伝えつつも、あまり湿っぽくなりすぎずに、さわやかに前向きに送り出せるようにしたいものです。

関連

送り出す際に渡す品のことを「手向《たむ》けの品」ともいいます。

使いやすさ ★★★☆☆

12

「肝《きも》煎《い》り」

あれこれ世話をすること、意見を中心になって唱えること

例文 **あの新製品は、Aさんの肝煎りで商品化されたそうだ。**

「肝《きも》」は現代医学でいう肝臓のことですが、古来それよりも広い意味で使われてきました。「あの人は肝（胆）が据《す》わっている（＝度胸がある）」「今回の一件ですっかり肝（胆）をつぶした（＝驚いた）よ」といった慣用句があるように、「肝」はかつて、胆嚢《たんのう》を意味する「胆」と同様に用いられ、単なる内臓の一つというのではなく、心、人格の中心となるものだと考えられていたのです。「肝心（肝腎）」という熟語があるゆえんです。

その「肝」を「煎る」というのがこの言葉。「煎る」は「いり卵」の「いり」ですから、火にかけるという意味です。心を焦《こ》がしてしまうほど、あれこれ気をつかい、神経をす

り減らしながら世話を焼く様子を表しています。

本来、人と人の間を取り持ち、仲介役として心をくだくことをいいましたが、現在では、仲介のニュアンスは薄れています。**手間暇を惜しまずに熱心に世話をする様子から、その人が発案した、一押しのものであるという意味で使われることが多い**ようです。ニュースで「この政策は、政府の肝煎りだ」などと使われているのを聞いたことがあるのではないでしょうか。

江戸時代には、名主や庄屋などの町・村のまとめ役のことを「肝煎り」と呼んでおり、幕府でも同じ役割の人たちのリーダー役を「肝煎り」と称していました。そこから、団体や会合のためにあれこれ準備するまとめ役の人を「肝煎り」と呼ぶ使い方もあります。ただし今日では、この意味であれば、「世話人《せわにん》」「周施人《しゅうせんにん》」と表現することが多いようです。

関連

手際よく、熱心に世話をする様子を「かいがいしく働く」といいます。

使いやすさ ★★★☆☆

13

「鋭意《えいい》」

気持ちを集中して励むこと

例文 **皆さまのご期待に添えるよう鋭意努力する所存でございます。**

やる気をアピールしたいときに、「頑張ります！」「精一杯やります！」と言うと、幼稚な感じに聞こえます。そこでご紹介したいのが、**自分が頑張ることを、あらたまった挨拶や書き言葉でも使えるよう格上げした表現となる「鋭意」です**。

意識をするどく集中して、熱心に励むことをいう言葉で、「鋭意努力する」「鋭意準備中だ」のように副詞的に用いることがほとんどです。

とくに、反省の弁の中で、今後は頑張ると伝える場合、また、予定よりも遅れている作業に関して、現状を報告する場合などに使われます。

関連 頑張っている様子をいう表現に、「いそしむ」「励む」「力を注ぐ」もあります。

使いやすさ ★★★☆☆

14

「お引《ひ》き立《た》て」

とくに目をかけ、援助すること

例文 **今後ともお引き立てのほど、何とぞよろしくお願いいたします。**

「曇りのない青空に、花の美しさがいっそう引き立つ」のように使う「引き立つ」という言葉があります。一段とよく見える様子のことですが、これを他動詞にすると「引き立てる」です。**その者がより際立つように、目をかけ、重用することをいいます**。

「お引き立ていただき」「お引き立てを賜り」「お引き立てにあずかり」「お引き立てのほど」などの形で、応援・援助に対する感謝の挨拶に用いられます。なお、「お引き立て」を「ご贔屓《ひいき》」に置き換えると、親しみやすい商売人気質、「ご愛顧《あいこ》」に置き換えると、文章語らしさが出ます。

関連 援助というより協力の場合は「お力添え」「ご尽力」「ご後援」「ご賛助」などを用います。

使いやすさ ★★★☆☆

15

「お相伴《しょうばん》にあずかる」

主人や客につきあって飲食すること

例文 **お言葉に甘え、本日はお相伴にあずかります。**

「相伴」とは、**宴席の本来の客ではない人物が、客に便乗してもてなしを享受すること**。たとえば、自分の上司が招かれた接待に「お前も来るか」と誘われて同席する場合、あるいは、自分がもてなす側の宴席で、客に「あなたも一杯」と誘われて飲む場合、「では、お相伴にあずかります」と言って誘いに乗るのです。

近年では、厳密な意味はさておいて、目上に飲みに誘われたり酒を勧められたりしたときに広く使われているようです。音読みの語なので、「ご相伴」と言う人もいますが、「お相伴」が社交上、一般的です。

関連 相手が若いときは、「同席させていただく」「ご馳走《ちそう》にあずかる」という表現が自然です。

使いやすさ ★★★☆☆

16

「末席《まっせき》を汚《けが》す」

会合に出席したり仲間に加わったりすることを、謙遜していう語

例文 若輩者《じゃくはいもの》ながら、伝統あるこの会の末席を汚しております。

会議室やタクシーで、どこが上座《かみざ》にあたり、どこが下座《しもざ》にあたるか。就職し、社会に出たてのころに勉強した人も多いのではないでしょうか。

その下座を「末席《まっせき》」ともいいます。つまり、「末席を汚す」とは、**「自分はこのメンバーの中では最も末席に位置するべき人間で、しかもその席を汚しかねない存在だ」と卑下する表現**なのです。

同時に、自分などが参加するのは恐れ多い、立派な会である、という風に、その会を褒めたたえる表現でもあるのです。

関連 謙遜する必要がなければ、「参加（参画《さんかく》）する」「名を連ねる」といいます。

使いやすさ ★★★☆☆

17

「相《あい》成《な》りました」

「なる」を、あらたまった丁寧な言い方にしたもの

例文 **このたび、新しく設立する子会社の代表を務めることと相成りました。**

コンビニなどで「千円です」のかわりに「千円になります」と言う例が見られます。おかしな日本語なのですが、よく使われてしまうのは、「～です」といった断定を強く感じさせる文末より、ナ行の音の響きでやわらかく聞こえる「～になります」のほうが、抵抗感がないからでしょう。

やわらかさ、あいまいさを好む日本人は、「こうしました」と言うべきところも「こうなりました」という傾向にあります。**「なりました」をより丁寧な印象に変えたものが、「相成りました」です。「相」にとくに意味はなく、主張を覆うクッション言葉として使われています。**

関連 やわらかく報告する言いまわしには「～する運びとなりました」もあります。

使いやすさ ★★★☆☆

18

「ひとかどの」

一人前で、並以上に優れていること

例文 ひとかどの人物になれるよう、精進してまいります。

「かどかどし」という古文の言葉があります。これは「才才し」と書き、才気にあふれる様子をいいました。その「かど」から、「ひとかどある」という言葉ができます。これは、際立った才能を持つことを意味しました。そこから「ひとかどの」という言葉が定着していきました。

今では「一廉の」「一角の」と表記することが多く、**人並み以上の才能がある状態、一人前の状態を表します**。多くは、自分や身内の者に関し、立派な人間になれるよう努力することを宣言するときに使います。あるいは、無事独《ひと》り立ちできたことのお礼の中でも使います。

関連 口語的な表現で、一人前の状態を「一丁前《いっちょうまえ》」「一端《いっぱし》」ともいいます。

使いやすさ　★★☆☆☆

19

「ご指導《しどう》ご鞭撻《べんたつ》」

自分（たち）の受ける指導や教育を敬っていう表現

例文　どうぞ皆さまのご指導ご鞭撻のほどよろしくお願いいたします。

私は塾に勤務しているのですが、保護者の方とお話をしていると、しばしば、「うちの子をビシバシしごいてやってください」と言われることがあります。この「ビシバシ」は何から来ているかというと、鞭《むち》で叩《たた》く音です。もちろん実際に鞭で叩いたら体罰になってしまいますが、それぐらいのつもりで厳しく指導する、という意味の表現です。

この「ビシバシしごく」をかたい言いまわしにあらためたのが、「ご鞭撻」です。

「ご指導ください」だけでなく、「ご指導ご鞭撻ください」と添えることで、「まだ至ら

ない点が多いから、遠慮なく厳しく指摘してほしい」という趣旨になります。鞭撻しなくてはならないほど現段階では力不足である、と謙遜するニュアンスも生まれます。

この表現は、上司や客などの目上の人、宴席に集まった人々に対し、自分、あるいは自分の身内への指導・助言をお願いするときに使います。自分の身内といっても、自分よりも年齢や立場が上の世話を頼むときに使うことはありません。

結婚披露宴において新郎の父が「若い二人にご指導ご鞭撻のほど……」とスピーチしたり、取引先に後輩を引き合わせる際に「ご迷惑をおかけすることも多々あるかと存じますが、どうぞご指導ご鞭撻のほど……」と言ったりする使い方が自然です。

なお、実際に何かを教えてもらう機会のなさそうな相手であっても、とりあえず相手を立てる社交辞令のフレーズとして使われることも多いです。その人から具体的に何かを習う場合には、「ご指導ください」だけにしたり、「ご指南ください」などの表現に置き換えたりするほうが、言葉の真意が伝わりやすいでしょう。

関連

和語でやわらかく表現する場合、「お導きのほど、よろしくお願いいたします」という表現があります。

使いやすさ ★★☆☆☆

20

「忌《き》憚《たん》のない」

遠慮しないこと

例文 **どうぞ、皆さまの忌憚のないご意見をお聞かせください。**

「何かあったらじゃんじゃん言ってくださいね」

「ぶっちゃけ、どうなのか聞きたいんです」

これを少し上品に言いかえたのが、「忌憚のないご意見をお聞かせください」です。

「忌憚」は「忌《い》み憚《はばか》る」という熟語です。「忌憚のない」と打ち消すと、恐れたり遠慮したりしないという意味になります。**気をつかわず、本当のところをストレートに言ってくれ、と頼むときに使います。**「率直なご意見」としてもよいですね。

関連 私的な場で、本音で話すときの表現は「腹蔵《ふくぞう》なく言う」「腹を割って話す」「胸襟《きょうきん》を開いて語る」など。

使いやすさ ★★☆☆☆

21

「お運《はこ》びくださいました」

わざわざその場に来ること

例文　お忙しい中、ようこそお運びくださいました。

「足を運ぶ」の目的語「足を」が落ちて、自動詞化した言葉で、**わざわざ足を運んでもらったことに対して感謝をこめた言い方です**。「どうぞお運びくださいませ」のような誘いにも使いますし、「ようこそ」「よく（ぞ）」と組み合わせ、お礼の挨拶にも使います。

気心の知れた間柄や、日常的な打ち合わせ程度ではあまり使いません。大がかりな会合や、あらたまった席の冒頭、恐縮とお礼の気持ちをこめて、「今日はよくお運びくださいました」と使うのが合います。手紙での表現や、年配の女性の使用も奥ゆかしく魅力的です。

注意　「足を運ぶ」を丁寧にしようとして「お足を運ぶ」と言わないように。「お足」はお金の言いかえ語です。

使いやすさ　★★☆☆☆

22

「つつがない」

病気・災難などがないこと

例文　Aさまにおかれましては、つつがなくお過ごしのことと存じます。

病気にかかるなどの災難のことを、古来「恙《つつが》」といいます。ツツガムシ（頭痛や発疹《ほっしん》などの症状を引き起こす病気を媒介《ばいかい》するダニ）の名前も、これが語源です。

恙がない、つまり**災難がなく、平穏無事に過ごせる状態のことを「つつがない」といいます**。

手紙や、久しぶりに連絡するメールの冒頭で、相手の安否を気づかうときに使います。「つつがなくお過ごしのことと存じます」と書くわけです。「お変わりなくお過ごしのことと存じます」も、似た意味です。

関連　書面上の挨拶や手紙では「ご清祥」「ご清栄」「ご息災」「ご健勝」のような漢語表現が似合います。

使いやすさ ★★☆☆☆

23

「相《あい》身《み》互《たが》い」

同じ苦しい立場にある者同士が、助け合うこと

例文　遠慮なさらず、われわれを頼ってください。相身互いですよ。

「相身互い身」という言葉が略されたもので、「相身」「互い身」のどちらも、お互い、という意味です。それが、**悪い境遇に苦しむ者同士が、同情し合って助け合おうとするときの決まり文句として使われています。**

忠臣蔵としてもおなじみの、赤穂《あこう》事件でも、この言葉が登場しました。討ち入りの日、浪士たちが吉良《きら》家の隣にあった武家屋敷の人たちに対し、「これは敵討《かたきう》ちでござる。武士は相身互い、一切お構いくだされるな」と言ったところ、隣家はその言葉を受け入れ、通報せず、静観したといいます。「困ったときはお互いさま」の精神は、昔からなのです。

関連　「情けは人のためならず」は、情けをかけるのは、めぐりめぐって恩恵を受けるためだ、ということ。

使いやすさ ★☆☆☆☆

24

「幸《こう》甚《じん》に存《ぞん》じます」

非常にありがたく思うこと

例文 **ご多忙中恐縮ですが、お運びいただけましたら、幸甚に存じます。**

目上の人に何かを頼むのは、いつだって恐れ多いものです。

「〜してください」というのも何だか厚かましい感じがしますね。「〜していただけないでしょうか」と疑問文で頼んでみたり、「もし、お差《さ》し支《つか》えなければ」とクッション言葉をつけてみたりして、言い方に悩んだ経験のある人も多いことでしょう。

とくに、手紙や書面の場合、相手のリアクションをすぐに確認することができないので、いっそう気をつかいます。会話と違い、疑問形で呼びかける表現をしても、ただちに返答があるわけではありません。ですから、時候の挨拶でも、「お健やかにお過ごしでしょうか」と問いかけるよりも、「お健やかにお過ごしのことと存じます」と推察する書き方のほうがよいとされています。

依頼する場合にも、文章では疑問形よりも「～していただけたら幸い（嬉しい、光栄）です」という表現を使います。

「幸いです」に、さらに格式を持たせると、今回の「幸甚に存じます」になります。**幸せであることが甚《はなは》だしいというのを熟語で表現した言いまわし**です。

かなり強い表現ですので、日常的に頻繁に用いるものではありませんし、親しい間柄で使うと大げさです。同窓会に恩師を招待するとか、著名な人に講演をお願いするといった、かなり気をつかう場面でこそ活きてくるものです。気軽に、口頭で使うなら「幸いです」のほうが向いています。

なお、お礼状で感謝を述べるときにも「～していただき、幸甚の至りです」というフレーズを使うことができます。

関連
思いがけない幸運のことを「僥倖《ぎょうこう》」、予想以上に素晴らしい幸運に恵まれたことを「望外《ぼうがい》の○○（○○には喜び、栄誉など）」といいます。

COLUMN 1

実は『論語』にある言葉 その1

「和をもって貴《とうと》しと為《な》す」と聞くと、われわれは聖徳太子の十七条憲法だとばかり思いますが、実はこれ、『論語』にもある中国由来の言葉。孔子《こうし》(紀元前500年ごろに活躍した中国の思想家)の言行録『論語』は、日本にもはやくから伝わり、とくに、江戸時代には熱心に学ばれ、多くの言葉が日本語の語彙に加わりました。

「巧言令色鮮《こうげんれいしょくすく》なし仁《じん》」

ペラペラと巧みにしゃべったり、表情を取り繕ったりするのは、愛や誠実さに欠ける姿勢であるという意味です。なお、この言葉を言い訳に、やたらと無愛想な態度をとる学者もいました。福澤諭吉は彼らを批判し、「巧言令色もまた仁」という言葉を残しています。

「克己《こっき》」

私情や私欲に打ち克《か》とうという意味の言葉です。現代では、意志の弱さや甘えに打ち克とうという意味で使われていますが、もともと『論語』では、個人的な感情でなく、社会で望ましい礼節にもとづいてふるまうことの大切さを説く言葉でした。

「切磋琢磨《せっさたくま》」

現代だと、仲間とともに高め合う、というイメージの言葉ですが、もともと宝玉を切り出し、磨き上げる手順について述べたものです。ですから、一人で物事に取り組んでいるとしても、研鑽しようという意識さえあれば、切磋琢磨はできるのですね。

「温故知新」

故《ふる》きを温《たづ》ねて新しきを知る。古典や先例に学べば、当代にも通じる新たな発見をすることができる、という意味です。実際、孔子も、前時代の周(西周)の聖王や儀礼に多くを学んでいました。私たちもその思いで古典をひもといて学びたいですね。

第2章

さりげなく人を立てる表現

円満な人間関係を保つためには、相手を立てることが不可欠です。とはいえ、あまり露骨に褒めたたえては媚《こ》びているように感じられますし、言い方を間違えると、上から目線の発言に聞こえかねません。この章では、さりげなく相手を立て、気分よく過ごしてもらえるようなフレーズを集めました。人づきあいの潤《じゅん》滑油《かつゆ》として活用しましょう。

使いやすさ ★★★★★

25

「あやかる」

感化されて、同じ状態になること

例文 **先輩にあやかって、私もこのプロジェクトを成し遂げたいものです。**

ロールモデルという言葉があります。自分の憧れの人物で、「あの人のようになりたい」とお手本にする存在のことです。ロールモデルの考え方や行動を真似ることで、成長し、自分の理想像に近づくことができます。

職場の先輩やアスリート、芸能人、歴史上の人物など、誰かを自分のロールモデルにしている人は多いのではないでしょうか。

ありがたいことに、私も、職場の後輩から「私は先生のようになりたいです」と声をかけてもらったことがあります。買いかぶりで、照れくさいのですが、とても光栄な気持ちになりました。

そうした**「憧れています」「あなたみたいになりたいです」という気持ちを、奥ゆかしい表現で伝えることができる**のが、「あやかる」です。

感化されて同じ状態になりたいと思うこと、より具体的にいえば、幸せな状態にある人から影響を受け、自分も幸せになりたいと思うこと。それが「あやかる」です。「うらやましい」「ずるい」でなく、「○○さんにあやかりたいです」と伝えれば、その人の成功や能力をうらやましく思っている気持ちを、嫌みなく表現できます。

「(幸運の)おすそ分けにあずかる」「おこぼれにあずかる」という言い方もできますが、こちらは、その人の実力や努力よりも、「幸運」を強調するようにも聞こえる表現なので、使い方には注意が必要です。

なお、優れた人物にあやかるにしても、権力を持つ人にすり寄ってその威勢を借りて威張る「虎の威《い》を借《か》る狐」にならないよう、ご注意ください。

関連

あやかりたいと思うほどの幸運に恵まれた幸せ者のことを、「あやかり者」「果報者」といいます。

使いやすさ　★★★★★

26

「圧巻《あっかん》」

全体の中で最も優れた部分

例文　**あの芝居は全体的に素晴らしかったが、やはり最後の歌が圧巻だった。**

昔の中国で行われていた官吏《かんり》登用試験の「科挙《かきょ》」が由来の言葉です。最も優れた「巻」（＝答案）を、他を「圧」するように一番上に載せた習慣から生まれました。

もともとは、書物や催し物などで、とくに優れたところを意味する言葉として使われていました。今回の例文のように、見どころ、見せ場、ハイライトという意味で使われていたのです。ただし、今では「圧倒的に優れている」という語感に変わっており、一つの作品の一部分というより、**他者と比較して優れている様子を褒めるときに使用されています。**

関連　他の人よりも仕事ぶりや成績などが際立って優れていることを「出色《しゅっしょく》」といいます。

使いやすさ ★★★★★

27

「おかげさまで」

周囲に助けられたおかげで、よい結果を得られたこと

例文　おかげさまで、主任に昇格いたしました。

神仏の加護を意味していた「おかげ」が、人の援助や恵みをありがたがるのにも使われるようになった言葉です。「○○さんのおかげで」と**特定の協力者に感謝するときのみならず、漠然と、見守ってくれた周囲全体に感謝するときにも使える**、便利な言いまわしです。

勝利や名誉を他者に譲ることをいう「花を持たせる」という言葉があります。自分の能力や努力による成果であると心の中で思っても、協力してくれた周囲を立て、「おかげさまで」と、いくらか花を持たせたほうが、その後の仕事も順調にまわるものです。

関連　特定の人を立てるときは、「～さまのお力添えがあってこそ」「～さまのご指導の賜物《たまもの》です」など。

使いやすさ ★★★★★

28

「たしなむ」

好んで、そのことに励むこと

例文 **つきあいの多い部署なので、全員がゴルフをたしなんでいる。**

もともと、芸道に親しみ、ある程度の水準に達していることをいう言葉でした。現代では、**能力水準のニュアンスが薄れ、「楽しんでいる」程度の意味に変わっている**ので、相手の腕を認め、褒める言い方にしたいなら、「ご堪能《たんのう》である」というぐらい、はっきり褒めてもよいかもしれません。

なお、自分のことに関し、「たしなむ程度です」というと、ちょっと楽しむ程度であると控えめに答える表現です。「酒はたしなむ程度です」という使い方もしますし、「茶道を習っているといっても、ほんのたしなむ程度で」といえば、謙遜する気持ちを表すことができます。

関連 自分の趣味のことをへりくだっていう表現には、「道楽」があります。

使いやすさ ★★★★★

29

「奥《おく》ゆかしい」

深みを感じさせて、素敵な様子

例文　はっきり自己主張をする人もよいけれど、奥ゆかしい人にも惹《ひ》かれます。

古語で「ゆかし」とは、近くに行き、詳しく様子を確かめたいという気持ちをいいました。「おくゆかしい」というのは、「奥」を「ゆかし」いわけですから、**表面に見えていない深みに魅力がありそうな感じがし、もっと知りたいと興味を惹かれる様子**をいいます。

オープンによく話す人というよりは、口数の多くない、おとなしい感じの人に使うことが多いです。あまり話さないからこそ、「何を考えているんだろう？」と気になるわけです。ミステリアス（謎めいている）と近い部分もありますが、不思議さよりは、上品な雰囲気が強調される言葉です。

関連　控えめで上品な雰囲気を「おしとやか」「たおやか」「貞淑」ともいいます。

使いやすさ ★★★★★

30

「みずみずしい」

若々しく、いきいきとしていること

例文 **彼はいくつになっても、みずみずしい感受性を失わない。**

「瑞瑞しい」、もしくは「水水しい」と書いて、ツヤやうるおいのある様子をいいます。**取れたての野菜のような、新鮮で、いきいきと若々しい雰囲気を表現できます。**

清涼飲料水のCMが似合うような、若くさわやかな女優を評して「みずみずしい」ということもありますが、実際の年齢の若さだけでなく、気持ちの若さを表現することのできる言葉です。慣れて、惰性に陥っているのではない、どんなことにも新鮮に感動できるような感受性を「みずみずしい感受性」というわけです。

関連 未熟な若さをネガティブにいう言葉としては「青臭い」があります。

使いやすさ ★★★★★

31

「板《いた》につく」

経験を積み、動作や態度がなじんでいること

例文　昔は危なっかしかったけど、最近はすっかり司会が板についてきたね。

役者が経験を積んでくると、舞台（＝板）に調和するように感じられることがあります。それを一般化し、**長年の経験の結果、職業や地位に似合うふるまいができるようになる**ことをいいます。スキルをすっかり自分のものにした様子、また服装やしぐさなどがよく似合っている様子を指す表現です。

同じような言葉に「こなれている」があります。十分に慣れていて、さまになっている様子のこと。習熟したからこそ、さらりと、かつ、堂々と物事をこなすような姿をいいます。

関連　対義語に「ぎこちない」「未熟」「稚拙《ちせつ》」などがあります。

使いやすさ ★★★★☆

32

「懐《ふところ》が(の)深《ふか》い」

包容力があること

例文 私も課長のように、懐の深い上司になりたいものです。

あなたはどのようなときに「この人は大人だなぁ……」と思うでしょうか？

私の場合、懐《ふところ》の深さを感じたときにこそ、その人が大人であると実感します。

大人といわれて第一に思い出すのは、新社会人だったころの上司です。私の細かいミスには目をつぶり、応援してくださいました。失敗や未熟さも含め、自分を受け入れてくださった上司を思い出すと、今も、頭が下がる思いです。「**懐が深い**」は、**このように心が広く、相手を受け入れる包容力があることを表した言葉**です。

ゆがんだこと、曲がったことは一切許さない、という人ももちろん立派なのですが、少々神経質で窮屈《きゅうくつ》にも感じられます。小学校の学級委員長的な正義感、とでもいいましょうか。むしろ、善も悪も、賢者も愚者も、どんな人であっても広く受け入れることのできる人のほうが、大人の余裕を感じさせるものです。

そうした様子を、大海が清流も濁流も区別なく受け入れる様子から、「清濁併せ呑む《せいだくあわせのむ》」という風にも表現します。

なお、「懐」には「深い」と続きますが、類義語の「(人としての)器」には「大きい」、「度量」には「大きい」「広い」、「包容力」には「ある」と続けるのが一般的です。

実は、「懐が深い」は相撲の専門用語にもあります。その場合には、背が高く、腕の長い力士が、四《よ》つに組んだとき両腕と胸とで作る空間が広く、相手になかなかまわしを取られない様子をいいます。

関連

「懐があたたかい(寒い)」は、持ち合わせのお金が多い(少ない)こと。「懐刀《ふところがたな》」は、懐に入れて持ち歩く刀のように、そばにいて頼りになる腹心の部下のこと。

使いやすさ　★★★★☆

33

「堂《どう》に入《い》る」

物事に習熟し、よく身についている様子

例文　**この分野で長いだけに、堂に入った仕事ぶりである。**

毎年一月になると、「○○氏らが野球殿堂入り」というニュースを見かけます。米国にも日本にも野球殿堂博物館があるのですが、名選手や名指導者はその功績が称《たた》えられて、殿堂内にレリーフが飾られます。その対象者に選ばれることを「殿堂入り」というわけです。

この「殿堂入り」は、実際に「殿堂」という建物がない分野でも使われるようになっています。人気投票・ランキングなどで、長期間にわたって一位を獲得すると、別格の「殿堂入り」として扱われることがあります。

そんな「殿堂入り」と、言葉の響きも内容も似ているものの、全く別の由来で、二千年以上の歴史を有する表現が、「堂に入る」です。これは、**修練を経て、学問や仕事、技芸などがよく身についていること**。「堂奥《どうおう》に入る」ともいいます。

この言葉の元になったのは『論語』のエピソードです。孔子が、子路《しろ》という弟子の瑟《しつ》(大型の琴)の腕前について「堂に升《のぼ》れり。未だ室に入らざるなり(堂に升るだけの実力はあるが、奥座敷で主君に披露するほどではない)」と言ったことから来ています。

この発言から、「堂に升り室に入る」が、技芸や学問を深奥《しんおう》まで究めていることを意味するようになり、それが縮まって「堂に入る」という慣用表現になりました。

由来からもわかるように、かなり深く理解・習得している様子をいう表現であり、「さまになる」「体裁《ていさい》が整う」「恰好《かっこう》がつく」といった及第点の段階よりも進んだ完成段階を指しています。

関連

ある分野に知識が豊富であることを「造詣《ぞうけい》が深い」「熟達している」「精通している」「通暁《つうぎょう》している」ともいいます。

使いやすさ　★★★★☆

34

「筋《すじ》金《がね》入《い》り」

十分に鍛えられ、強固なこと

例文　**関西出身だけに、筋金入りの阪神ファンだ。**

建築材や車の部品など、ものを強固にするために、細長い金属材で補強することがあります。その**筋金が入っているかのように、しっかりしていることをいいます**。

「筋金入りの格闘家」というように、体格がしっかりしていることを褒めるのにも使いますが、考えなどが絶対に揺るがない、強固なものであることを評して使うことが多いです。

ただし「筋金入りの愛煙家」「筋金入りのケチ」などと、頑固さをからかうような使い方をすることもあります。

関連　考えが強固であることをいう語に「軸のある」「芯が強い」「一本筋が通る」などがあります。

使いやすさ ★★★★☆

35

「草《くさ》分《わ》け」

物事の創始者、先駆者

例文 十年前、この分野の草分けとなったのがA社でした。

もともとは**まだ切り拓《ひら》かれていない荒れ地で、草深い中をかき分けかき分け進んでいく様子**をいいます。「草分け」という言葉を使うことで、先駆者の苦労と情熱への尊敬の気持ちを示すことができます。他には「生みの親」などもよく使われます。カタカナ語では「パイオニア」「フロントランナー」「ファーストペンギン」といいます。なお、類義語の「〜のはしり」という表現には、相手に対する敬意はとくに含まれません。

ちなみに、「第一人者」は最初にはじめた人ではなく、現在その分野で最も優れている人や企業、つまりトップランナーを指す語です。

関連 順番の最後尾、あるいは、撤退の際に最後まで敵の追撃に備えて対応する存在を「殿《しんがり》」といいます。

使いやすさ　★★★★☆

36

「心《こころ》づくし」

真心のこもっていること、親切

例文　**心づくしのおもてなし、痛み入ります。**

もともとは、悩んで神経をすり減らし、心が尽きてしまうというネガティブな意味でしたが、現在では、**それほど心づかいをして人に親切にする様子をポジティブに表します**。

たとえば、相手が盛大にもてなしてくれた場合、料理の値段などを称えるのはナンセンスです。店の手配や料理の選定など、当日に至るまであれこれ相手が心をくだいて準備してくれた、その心づくしのほうを褒め、感謝の言葉にすべきです。あれこれ世話してもらった際、お礼を言うのに「このたびのお心づくし、ありがとうございます」とも言えます。

関連　さまざまな点に配慮したもてなしは「至れり尽くせり」「行き届いた」「かゆいところに手が届く」です。

使いやすさ　★★★★☆

37

「金字塔《きんじとう》」

偉大な功績

例文　**新製品は爆発的に売れ、金字塔を打ち立てた。**

「金字塔」は、一見、昔から使われている日本語のようですが、実は意外に新しい言葉です。エジプトのピラミッドを日本語で表現するために作られた言葉なのです。「金」という漢字が、ピラミッドの形に似ているというところから、名づけられました。

ピラミッドの大きさ、また「金」という字を含むことから来る輝かしいイメージにより、**画期的な製品、スポーツの新記録など、偉大な功績を称えるのによく使われる表現です。**なかなか超えられない、優れたものであることを伝えられる表現です。

関連　後世に長く残る作品・業績に対し、「不朽《ふきゅう》の」「不滅の」ともいいます。

使いやすさ ★★★☆☆

38

「真《しん》骨《こっ》頂《ちょう》」

そのものの本来の姿

例文　この仕事には、彼の真骨頂を見せてもらったという感じがするね。

フィギュアスケート選手の浅田真央さんが、二〇一七年春、惜しまれながら現役を引退しました。彼女の演技の中で今でも忘れられないのが、ソチ五輪のフリープログラムです。前日のショートプログラムでミスが相次ぎ、優勝候補だった浅田選手は十六位と出遅れてしまいました。その苦しい状況下で、彼女の代名詞であるトリプルアクセルを含め、六種類八回の三回転ジャンプを完璧に決めてみせたのです。

彼女の演技とともに忘れられないのが、ＮＨＫの鳥海《とりうみ》アナウンサーの実況です。演技を終えた瞬間、静かに、しかし力強く「これが、浅田真央です」と言ったのでした。

誰も、前日のショートプログラム十六位が、浅田選手の実力だとは思っていませんでした。皆が「もっとやれるはずだ」と信じていました。その実力を遺憾《いかん》なく発揮したのが、フリープログラムだったのです。まさに「これが、浅田真央です」の言葉通りで、彼女の「真骨頂」の演技だったといえるでしょう。

このように、**本来備えている実力を、その通りに発揮した状態が「真骨頂」です**。元となる言葉は「骨頂」で、「愚の骨頂」などと使うように、この上ない状態にあること、極まっていることをいいます。それを強める「真」をつけることで、本来の性質がありのまま、存分に出ている状態を表しているのです。

「骨頂」はおおむね悪い文脈で使うのですが、「真骨頂」は褒めるときにしか使いません。「もともと十分に実力を持っている」「実力を百パーセント発揮している」という二点を褒めているため、相手をこの上なく評価する言葉として使います。

「本領発揮」や「面目躍如《めんもくやくじょ》」、「持ち前の○○を発揮」も同じように用いる表現です。

関連

本来持っている実力を出せずに期待外れであった場合には、「当てが外れる」「見込み違い」「不本意な結果」「不首尾《ふしゅび》（に終わる）」などを使います。

使いやすさ　★★★☆☆

39

「珠玉《しゅぎょく》」

尊いもの、美しいもの

例文　**世界的コンクールで賞を取ったパティシエによる、珠玉のスイーツ。**

元は、真珠や宝石のことでした。そこから、**尊いもの、美しいもののことを褒める言葉に使われるようになりました。**小説や絵画、音楽などの芸術作品を褒めるとき、あるいは、手のこんだお菓子などを褒めるときに使われています。

そもそも、小さな真珠や宝石の粒を指す言葉ですから、「珠玉の長編小説」「あそこのコース料理は珠玉だ」などと、規模の大きなものを褒めるのに使うのは誤りです。「珠玉の顔立ちだ」のように、人を褒めるのに使うこともありません。あくまで、小さな品を褒めるときに使うと覚えましょう。

関連　とくに優れた品をいう語に「逸品《いっぴん》」があります。単に数をいう「一品」とは別の言葉です。

使いやすさ ★★★☆☆

40

「雲泥《うんでい》の差《さ》」

違いがはなはだしいこと

例文 同様の商品でも、御社と他社のものでは、その質に雲泥の差があります。

文字通り、雲と泥《とろ》のように、大きく離れていることをいいます。白楽天《はくらくてん》や菅原道真《すがわらのみちざね》の漢詩にも使われた言葉で、「天と地ほどの差」と言っても同じことです。

あまりに差があることは、「段違い」「大人と子どものよう」とも言い、そもそも「比べものにならない」と表現してしまうこともあります。

比べる相手がないほど優れている様子を、「比類《ひるい》ない」「抜群《ばつぐん》」「傑出《けっしゅつ》」「出色《しゅっしょく》」「卓越《たくえつ》」といいます。

関連 二者が大きく離れていることを「月とすっぽん」「提灯《ちょうちん》に釣鐘《つりがね》」といいます。

使いやすさ ★★★☆☆

41

「お株《かぶ》を奪《うば》う」

他人の得意なことを、よりうまくやってのけること

例文 **今回の新製品で、御社はすっかりA社のお株を奪いましたね。**

この「株」は歴史用語で、江戸時代の商工業者の同業組合「株仲間」から来ています。当時は、その組合の参加権「株」を世襲・買収で獲得することで、圧倒的に有利に仕事ができました。そこから「(お)株」が、得意なこと、優れている評判を指すようになりました。

ある人が「お株」とするものに関し、別の人がより素晴らしい腕前を披露してポジションを奪うのが「お株を奪う」です。なお、「お株を奪う」には「お」をつけるのが一般的ですから、自分の得意分野で他人に負けた際、「お株を奪われちゃったな」というと、自分を敬うようで、少し変です。

関連 類語に「霞《かす》ませる」「影を薄くする」「人気をさらう(さらっていく)」があります。

使いやすさ ★★★☆☆

42

「遜色《そんしょく》ない」

見劣りしないこと

例文 Aさんの歌は、プロと比べても遜色ない腕前です。

「遜色」の「遜」は、「謙遜」にも使われており、「劣っている」という意味の字です。それを「ない」で打ち消すことで、**劣っていない、十分に対抗できる力がある、ということを意味しています**。

比較したら同じぐらいである、と単なる事実を表現するのにも使いますが、誰もが認める素晴らしい何かを挙げ、それと遜色ないと評することによって、その腕前を褒めるのに使うことが多いです。

「引けを取らない」「肩を並べる」「匹敵《ひってき》する」も同じように使います。

関連 二者の能力に差がなく、優劣がつかないことを「実力が伯仲《はくちゅう》する」といいます。

使いやすさ ★★☆☆☆

43

「私《し》淑《しゅく》する」

個人的にある人を尊敬し、著書などを通じて学ぶこと

例文　長年私淑していた実業家に、直接お目にかかる機会を得た。

クラシックのコンサートのチラシを見ると、演奏家のプロフィールには「〜氏に師事」と書かれています。どのような先生に指導してもらったのかを明記することで、自分の流儀や価値を示そうとしているわけです。この「師事する」は、「師」匠として「事《つか》」えたことを示し、直接その人からレッスンを受けたことを意味しています。

それに対し、**直接教えを受けたわけではないものの、ある人のことを深く尊敬し、その著書などを通じて考えや技術を学ぼうとすることを「私淑する」といいます**。

元は漢文の言葉で、『孟子《もうし》』という古典に、「私《ひそ》かに」「淑《よし》とする」という言葉が出ています。孟子は孔子に私淑していたのです。孔子は何世代も前の人でしたが、孟子は孔

子の言行を記した書を読み、考えを学んだのです。

他にも、たとえば、太宰治《だざいおさむ》は、青森に暮らしていた学生時代、芥川龍之介《あくたがわりゅうのすけ》の熱心なファンであったことが知られています。そのことを「太宰治は、芥川龍之介に私淑していた」と言い表すわけです。

皆さんにも、本や雑誌、テレビのドキュメンタリー番組などを通じて知り、尊敬し、お手本にしている人がいるのではないでしょうか。直接指導を受けているわけではないけれど、その人のＳＮＳや動画から、深く影響を受けているという場合もあるでしょう。そうした状態を「私淑する」と呼ぶのです。

反対に、直接指導を受けている場合には「薫陶《くんとう》を受ける」という言い方もあります。人徳や品性の優れた者に感化され、人格が磨き上げられる、という言葉です。この言葉を使えば、相手に敬服する気持ちを表現することができます。

注意

「大学時代に私淑したゼミの教授と、久しぶりに再会した」のように、直接指導を受けた相手に使うのは誤りです。

使いやすさ　★★☆☆☆

44

「慧《けい》眼《がん》（炯眼）」

物事の本質や裏面までを見抜き得る、優れた眼力

例文　御社がいち早くこの分野に乗り出したのは、実に慧眼でした。

人を褒めるというのは、簡単なようで難しいものです。

とくに厄介なのが、目上の人を面と向かって褒めるときです。「先輩は頭がいいんですね」「部長ってやっぱり賢いですね」などと言うと、上から目線で相手の能力を評価しているようで、失礼にあたります。かといって、「さすがですね！」「大変勉強になりました！」といったフレーズを連発するのも、白々しいおべっかに聞こえてしまうものです。

そこで便利な言葉が「慧眼」です。相手の洞察力が優れていて、物事の本質や裏側を見極めていることを褒めるときに、使う言葉です。**今起きている問題の原因や背景を深**

く分析できたり、業界や市場の先行きを言い当てられたりする人に使います。

目上の人に対し、「優れた思考力ですね」と言うのは変な感じがしますが、「慧眼ですね」なら不自然に聞こえないため、重宝する表現です。

元は仏教用語で、慧《え》眼《げん》という風に読んでいました。釈迦《しゃか》の教えを実践したり、独自に修行したりすることで、悟りをひらく人がいますが、彼らの智慧《ちえ》を眼力にたとえ、「慧眼」と言い表したのです。

そういえば、「慧」は人名では「さとし」と読みます。これはもちろん「悟る」に通じる読み方です。同じ「さとし」と読む字を用いた「聡明」という熟語もあります。

他に、眼の力を取り上げた表現に、「眼光紙背《がんこうしはい》に徹す」があります。書物を読み、その表面的な字面だけでなく、著者の真意や書かれていることの背景にまで理解が及ぶことを「紙の裏側にまで眼光が届く」とたとえ、深い読解力を表します。

関連 品物などの良し悪しを正しく評価できることは、「見る目がある」「(お)目が高い」といいます。

使いやすさ ★★☆☆☆

45

「眼福《がんぷく》」

貴重なもの、美しいものを見られた幸せ

例文 **本日は貴重なものを見せていただき、実に眼福にあずかりました。**

いいものを見られて、目が幸せを満喫したという言葉です。中国語では、聴覚版の「耳福」、味覚版の「口福」もいうようですが、日本語ではまだそこまで浸透していません。

「眼福」は、目上の人から、舞台や展覧会、花見などに誘われた際、お礼の言葉に使うことができるでしょう。

昔は、美しい女性に会えたときに相手への褒め言葉として使ったようですが、今はセクハラになりかねませんので、ご注意を。

関連 相手の顔を見られた喜びをいう表現に「御目文字《おめもじ》が叶《かな》う」「ご尊顔を拝する」があります。

使いやすさ ★☆☆☆☆

46

「通暁《つうぎょう》」

深く知り抜いていること

例文 **部長は日本史に通暁していらっしゃるとおうかがいしました。**

「暁」は「あかつき」とも読んで、夜明け前のことです。したがって、「通暁」というのは、もともと夜から暁に至るまで夜通しで何かをすることをいいました。たとえば、「通暁の勤行《ごんぎょう》」などといったわけです。その徹底する様子から、**物事を奥の奥まで知り抜いていることも「通暁」という言葉で称えるようになりました。**

少々大げさに聞こえかねない単語であるため、「造詣が深い」「精通している」「熟知している」「真髄を知る」などと使い分けましょう。

関連 幅広い分野に関し、豊富な知識を持っている様子を「博覧強記《はくらんきょうき》」といいます。

使いやすさ　★☆☆☆☆

47

「矜持《きょうじ》」

プライド

例文　常に一切妥協しない姿勢には、職人としての矜持を感じます。

「きょうじ」と読み、「きんじ」と読むのは誤りです。

「矜恃」という漢字表記をすることもあります。「恃《たの》む」は「頼む」と同じで、古語では「当てにする」「頼りにする」という意味です。ですから、「矜恃」とは「自らを恃む」ことを表し、自分自身の腕や能力にのみ頼る、強く誇り高い人間をイメージさせます。

現在、「矜持（恃）」はもっぱら、**仕事やふるまいに関し、プロとしての誇りを持っている様子をいうのに使われています。**カタカナ語に直すなら、「プロフェッショナリズム」が最も近い言葉です。「〇〇としての矜持を忘れるな」のような用例も見られ、忘れずにきちんと持っておきたい、職業人の誇りのことをいうのです。

社会的評価の高い仕事、格の高い仕事、専門的技術の必要な仕事に関して使われることが一般的です。

自信がある様子をいいますが、「自信過剰」「調子に乗っている」というような悪いニュアンスはともないません。

同じような文脈で使われるのが、「自負する」「自負心が強い」。自分の能力や業績に誇りを持ち、周囲からの期待を引き受ける覚悟がある様子をいいます。

これが「気《き》位《ぐらい》が高い」という言葉になると、確かに品位は高く立派であるものの、お高くとまっていてつきあいがたい、かかわると面倒である、というニュアンスが出てきます。ちょっとプライドが高すぎるのですね。客の食べ方にあれこれ注文をつける、ラーメン屋の店主のようなイメージです。

関連

悪い意味でのプライドの高さを「驕《おご》り」「うぬぼれ」「思い上がり」「増長」といいます。

使いやすさ　★☆☆☆☆

48

「謦《けい》咳《がい》に接《せっ》する」

尊敬する人に直接会い、話を聞くこと

例文　かの大先生の謦咳に接することができたのは光栄でした。

小学校高学年のころ、ラジオ番組の公開録音に参加したことがあります。大好きなアーティストがゲスト出演すると聞きつけ、何通もハガキを出して当選したものです。収録前に、参加者からの質問が募集され、私も応募しました。なんとそれが採用され、番組の中で直接アーティストに質問することができたのです。憧れの人と話ができるということで、緊張して、足も声も震えてしまったことを今も覚えています。同じ部屋で、同じ空気を吸っているだけで幸せに感じました。

ちょうどそのときの私と同じような、**深く尊敬する人に会うことができ、恐れ多くも光栄な気持ちを表した表現が「謦咳に接する」です。**

「謦」「咳」のどちらも、せきばらいを表す漢字です。その人のせきばらいに間近で接するということから、直接会うことを意味しています。中国古典の『荘子《そうし》』から生まれた、格調高い言いまわしです。

故人や、誰もが認めるその道の権威に会うことが叶った思い出を語るときに用いるのが一般的です。「世界的な賞を取るような教授から直接教えを受けた」「偉大な経営者の直属の部下として働いたことがある」といった思い出を語るのにこそふさわしいのです。自分たちとはかなり距離のある人物に関して使う言葉なのですね。

もう少し身近な人物に会えた感激を表現するときには、謙譲語の「お目にかかる」「お目通りが叶う」を使って敬意を表せばいいでしょう。「ご尊顔を拝する」という表現もありますが、こちらは、現代のビジネスや日常会話で用いるには少々大げさな感じを与えてしまいます。

関連

「お目にかかる」ことをいう女性語として「御目文字が叶う」があります。近世の女房詞《にょうぼうことば》から来た言いまわしです。

実は『論語』にある言葉 その2

54ページに続き、『論語』に取り上げられ、現代の日本人に浸透している語彙をご紹介します。以下に挙げたのは、年齢を表す6つの言葉。これは、孔子が晩年、自分の人生を振り返って述べたことが由来になっています。

15歳 — 志《し》学《がく》

30歳 — 而《じ》立《りつ》

40歳 — 不《ふ》惑《わく》

50歳 — 知《ち》命《めい》

60歳 — 耳《じ》順《じゅん》

70歳 — 従《じゅう》心《しん》

孔子の言葉

子《し》曰《いは》く、吾《われ》十有《ゆう》五にして学に志《こころざ》す。
三十にして立つ。四十にして惑《まど》はず。
五十にして天命を知る。六十にして耳順《したが》ふ。
七十にして心の欲する所に従って、矩《のり》を踰《こ》えず。

解説

15歳のときに学問を志した孔子は、30歳でその道で独り立ちし、40歳になって進む道に迷いがなくなったわけです。50歳で自分の天命を悟り、60歳で人からの忠告などを素直に聞けるようになり、70歳には、自分の心の思うままにふるまえば、それが適切である状態になりました。
一般に、誕生会のスピーチなどで決意を語る際に引用されますが、私は「あの立派な孔子先生でも、迷わなくなったのは40歳なのか〜」と自分を励ます言葉として味わっています。

ちなみに、男性の20歳のことを弱冠《じゃっかん》といいます。これは『礼記《らいき》』という、中国の典礼を記した書物に、「弱」といわれる20歳のときに元服し、「冠」をかぶると記されているからです。

第3章

反省を真摯《しんし》に訴える表現

謝罪会見では、謝る当人はたいてい、スーツなどのあらたまった服装で登場します。清楚《せいそ》な髪形や化粧などで登場し、沈痛な表情で謝り、頭を下げます。反省していることを態度で示す必要があるわけです。言葉づかいもその一環です。日ごろよりもあらたまった、かたい表現を用いることで、真摯に反省していることを言葉の面からも示しましょう。

使いやすさ ★★★★★

49

「面目《めんぼく》ない」

恥ずかしくて人に会うことができない状態

例文　とんだ失態を演じ、面目ないことでございます。

二十歳の顔は自然からの授かりもの。
三十歳の顔には生活が出る。
しかし、五十歳の顔には、あなたの価値が表れる。

シャネルの創業者で、二十世紀を代表するファッションデザイナー、ココ・シャネルの言葉です。

顔は、世間と向き合う、その人の看板のような役割を果たすものです。シャネルの言葉ではありませんが、私たちは、人の顔を見て性格を推し量ったり、信用できそうかどうかを見極めたりすることがあります。

そうした顔の重要性から、顔、そして面目は、体面や名誉、世間からの評価などを意味する言葉になりました。

恥ずかしいことをしでかすと、人に「顔向けができない」ようになりますし、「面目丸つぶれ」「面目を失う」という言い方をします。自分の不始末で、他人の評判を下げてしまったときには、「顔に泥を塗る」「面目（顔）をつぶす」などといいます。

「面目ない」も、「（合わせる）顔がない」も、「相手の期待に応えられておらず、恥ずかしい思い」を表します。「いやぁ、面目ない面目ない」というような軽い言い方では反省の意が伝わりませんので、真剣な顔で「本当に面目ないことです」と、丁寧に言うのがよいでしょう。

顔といえば、他に「顔から火が出る」という慣用句や、恥ずかしさから顔に冷や汗をかくことを意味する「汗顔《かんがん》の至り」という言いまわしもあります。

関連

名誉を保ったり高めたりしたときは「面目（顔）が立つ」、得意な分野で十分に実力を発揮したら「面目躍如《めんもくやくじょ》」を使います。

使いやすさ ★★★★★

50

「身《み》のほどをわきまえず」

自分の立場や能力の程度を理解せずに

例文 **身のほどをわきまえず、失礼なことを申しました。**

調子に乗って出過ぎたことをして、人に迷惑をかけたときに用いる反省の弁です。**自分の立場では本来許されていない領域に手を出してしまったり、己の未熟な技量では難しいことに挑戦して失敗してしまったりしたとき**に使います。

なお、他人に注意する際、「身のほどをわきまえろ」というのは、あまりに感情的・高圧的できついパワハラに聞こえてしまいます。客観的に指摘しているニュアンスのある「分不相応なことはやめたほうがよい」という言い方も覚えておくとよいでしょう。

関連 自分や相手を低く言う際、「〜の分際で」「〜風情《ふぜい》が」「〜ごときが」などといいます。

使いやすさ ★★★★★

51

「申《もう》し開《ひら》きのできない」

弁解や釈明ができないこと

例文　ひとえに私どもの落ち度で、全く申し開きのできないことです。

追及を受けたときに、そうならざるを得なかった理由・事情を弁明することを「申し開き」といいます。その「申し開き」もできないと言うことによって、**自分たちの過失・責任を潔く認める言い方です。**

なお、一般的な謝罪のフレーズ「申し訳ありません（ございません）」も、敬語を外せば、「言い訳はない」ですから、「申し開きのできない」と同様の意味です。よく使われる言いまわしではなく、あえて「申し開きのできない」のほうを選ぶことによって、かたく、真面目な雰囲気を出すことができます。

関連　弁明どころか、謝罪もできないと詫《わ》びる表現に、「お詫びのしようもございません」もあります。

使いやすさ ★★★★☆

52

「襟《えり》を正《ただ》す」

服装をきちんと正し、気を引き締める態度

例文 **今後は襟を正して、業務に邁進《まいしん》する所存です。**

不祥事を起こした政治家や芸能人が、頭を丸めて謝罪会見に臨むことがあります。坊主頭とまでは行かないにしても、明るい色の髪を黒く染めたり、ダークスーツを着たりして、清楚で真面目そうな恰好《かっこう》で出てくるのが定番です。まずは身なりで、「真摯に反省している」という態度を示すのですね。

今回ご紹介する「襟を正す」も、服装をきちんと整えることから、気持ちを引き締めるという意味の言葉です。

実は中国古典の『史記』でも使われている、歴史のある言いまわしで、襟元がきちんとしているかどうかで印象が大きく変わる日本の着物にもなじむ表現でした。洋装に変わった現在でも広く使われている慣用句です。「姿勢を正す」「居住《いず》まいを正す」も同じような意味を表します。

たとえば、**自分たちのミスを詫びるときに、「今後はこのようなことを繰り返さないよう、気のゆるみなく、しっかりと対応していく」ということを伝える**のに、「今後は襟を正して」ということができます。

また、「今回の研修には外部の講師をお招きしているので、襟を正して聞くように」というように、諭《さと》すためにも使えます。

服装や姿勢をきちんと整えることを意味する言葉には、他に「威儀《いぎ》を正す」という表現もあります。こちらは、反省の意を示すというよりは、格式や作法に則《のっと》った、公《おおやけ》の場の厳格な身なり・立ち居ふるまいから生まれる重々しい雰囲気を表現したいときに使われます。

関連

いい加減な服装をするなど、緊張感がなく、だらしない様子をいう言葉に「締まりがない」「しどけない」があります。

使いやすさ ★★★★☆

53

「気《き》を揉《も》ませる」

あれこれ心配させる

例文 **例の件では気を揉ませてしまい、失礼いたしました。**

企業の謝罪会見などで、「ご迷惑をおかけいたしました」と謝るだけでなく、「ご心配をおかけいたしました」「お騒がせいたしました」と詫びているのを見かけます。直接迷惑をかけた相手に詫びるだけでなく、**自分たちのせいで多くの人の気持ちを動揺させてしまったことに対し、謝罪する**わけです。それを和語で表すのが「気を揉ませる」です。

その気づかいは、個人のレベルでも持っておくのが大人の常識です。長く待たせてしまうなど、気苦労をかけてしまった相手に、「心配させて申し訳ない」という思いを伝えましょう。

関連 相手の気苦労を気づかう表現として「気に病ませてしまい」「お心をわずらわせてしまい」も使います。

使いやすさ　★★★★☆

54

「しがらみ」

まとわりつき、妨げになるもの

例文　何かとしがらみがあり、思うようにお手伝いできませんで。

「しがらみ」は漢字で「柵」と書きます。川の中に杭《くい》を打ち、竹や木の枝などを横向きにからみつかせ、川の水流をさえぎるものですが、そこから意味が広がって、**物事をせき止めるもの、何かしたいことがあるときの妨げになるもの**をいうようになりました。

立場上の制約や気苦労、または「世間のしがらみ」というように、近所づきあいや親戚づきあいなど、切るに切れない人間関係を嘆くのに使われることが多いです。誘いやお願いに応えられないときなど、「こちらにも色々あって」ということをあいまいに伝えるときに使える言葉です。

関連　家族や友人などに、自分の心や行動の自由が縛られることを「(情に) ほだされる」といいます。

使いやすさ ★★★☆☆

55

「断腸《だんちょう》の思《おも》い」

はらわたがちぎれるほどの悲しさ、つらさ

例文　断腸の思いで、不振店舗の閉鎖を決断した。

どうしようもなく苦しいときなど、自分の気持ちをうまく言葉で言い表せないことがあります。ありふれた言葉では、自分の苦しみを十分に言い表せていない、という思いに陥るわけです。

そんな極度の苦しみを表現するために、先人も工夫をしてきましたが、その一つが、この「断腸の思い」です。

はらわた（腸）が断ち切れてしまうほどの苦しい思い。この言葉の由来になったのは、中国古典の『世《せ》説新語《せつしんご》』に載っているエピソードです。我が子を人間に捕らえられ、悲しみ苦しんだ母猿は、延々と子猿の乗る船を追いかけます。百里以上にわたって追いかけた挙句、息絶えてしまった母猿。その腹を割いてみたところ、腸がズタズタになっていた、というのです。

退いたりあきらめたりする決断を報告しなくてはならないとき、「こちらとしても無念で非常に悔しいのだが、やむを得ず退くしかなかった」という苦しい胸の内を伝えることで、聞く人が納得してくれる場合もあります。何かをやめる決断は、ときに無責任に投げ出したようにも見えかねませんから、あえて「断腸の思い」のような重みのある言葉を選ぶことで、事態の深刻さをにじませるとよいでしょう。

同じように使える言いまわしが、「苦渋《くじゅう》の決断」です（「苦汁」ではないので、表記に注意しましょう。こちらは「苦汁を嘗《な》める」「苦汁の日々」などと使って、つらい目にあうことを意味します）。

漢語以外の表現では、「身を切られる思い」「胸の張り裂ける思い」などが使えます。いずれも、しょっちゅう使っていると、重みがなくなってしまいます。

関連 つらく悲しい中でも健気《けなげ》にふるまう者を評して「悲壮感《ひそうかん》が漂う」といいます。

使いやすさ ★★★☆☆

56

「不徳《ふとく》のいたすところ」

自分の非により、人に迷惑をかけること

例文 御社にご迷惑をおかけしたのも、すべて私の不徳のいたすところです。

精神的な修養を通じて身につけた品性や、優れた人格を「徳」といいます。古くは、儒学の祖である孔子（紀元前五五一～四七九年）が重んじた概念であり、『論語』にも繰り返し出てきます。「不徳のいたすところ」は、**自分には徳が備わっておらず、すべきことができなかったと謝罪する言葉です**。あれこれと言い訳せず、力不足を認めて謝る潔さが肝要です。

余談になりますが、「不徳」と同様、「道徳に反すること」という意味だっただけなのに、とくに男女関係に限って使われるようになったのが、「不倫」という言葉です。

関連 力不足や過失を詫びるには「とんだ失態を演じてしまい」「至らないばかりに」「心得違いで」など。

使いやすさ ★★★☆☆

57

「かまける」

あることに気を取られ、他がなおざりになること

例文 **雑務にかまけているうちに、ご無沙汰《ぶさた》してしまいました。**

何かに気を取られ、他を顧《かえり》みる余裕のなくなった状態を反省して用いる表現です。

「脇道の何かに心を奪われ、本来大事にすべきことを後回しにした」というニュアンスが強く、たとえば「あの歌舞伎役者は、ドラマや映画にかまけてばかりで、肝心の歌舞伎のほうはさっぱりだ」のように使います。

「○○にかまけ、ご無沙汰してしまい」と言うことで、自分の怠惰で○○にかかりきりになってしまっただけで、決して相手を軽んじていたわけではない、本当は優先順位をわかっている、という思いを伝えます。

注意 優先すべきことを後回しにする語感があるので、「決算を前に仕事にかまける」は変です。

使いやすさ ★★☆☆☆

58

「忸《じく》怩《じ》たる思《おも》い」

深く恥じ入ること

例文 **不本意な結果に終わり、忸怩たる思いでした。**

この本で紹介する言葉の中でも、読み方の難しい言葉の一つが、この「忸怩」でしょう。「忸」も「怩」もあまり見慣れない字ですが、どちらも「恥ずかしくて顔を赤くする」という意味の字。ですから、「忸怩」も、深く恥じ入ることを表します。**自分のしてしまったことの重大さに気づいて恥ずかしく思うという意味**ですから、深く反省していることを伝えられます。

この「忸怩たる思い」は謝罪会見で多用される言葉ですが、同じようによく使われる言葉に「遺憾に思う」があります。ただし、こちらの元の意味は「思い通りに事が運ばなくて残念に思う」ことなので、どこか他人事《ひとごと》のように感じられる言い方です。自分の不行き届きを認識し、深く恥じ入っているという意味の「忸怩たる思い」のほうが、反省の意が伝わるでしょう。

不甲斐《ふがい》ない自分を恥じるとき、自分に対して怒りや悔しさがわくこともあるでしょう。そんな思いをこめて使えるのが「忸怩たる思い」ですが、他に対するもどかしさや憤り《いきどお》を表明するのには使えません。「地震の被害に、忸怩たる思いを募らせる」「政治家の汚職事件に忸怩たる思いだ」のような使い方は誤りです。こういうときは「遺憾」のほうが使えます。

また、「じくじ」という音から、「グジグジ悩む」という意味だと誤解している人もいますが、先述の漢字の由来を知っておけば、間違えませんね。

少しかたい言いまわしである「忸怩」に対し、同様の恥じ入る気持ちをやわらかくいう慣用句に「穴があったら入りたい」や「身の縮む思い」があります。状況に応じて使い分けましょう。

関連

漢語の類似表現に「慚《ざん》（慙）愧《き》にたえない」があります。「慚（慙）」は恥じ入ること、「愧」はその意を他者に示すことです。

使いやすさ ★★☆☆☆

59 「うかつ」

注意や心の準備が足りないこと

例文 うかつにも、メールの添付ファイルを開いてしまったのです。

偶然にも、類義語の「うっかり」と音が似ているのですが、語源は違います。漢字で書くと、「迂闊《うかつ》」です。回りくどく、実際には役に立たないという意味の言葉でした。その、役に立たないというニュアンスから、**自分の注意不足による過ちをいう言葉になりました**。

「未熟者で」「力が及びませんで」の場合、根本的に能力が足りていないわけですが、「うかつにも」という場合には、本来はできるはずなのに一時的にボーッとしていた、とか、油断してやるべきことを怠《おこた》っていた、といった不注意の状態がイメージされます。

関連 考えが足りないことを、他に「浅はか」「浅慮《せんりょ》」「軽はずみ」といいます。

使いやすさ　★★☆☆☆

60

「粗相《そそう》」

不注意からの過ち

例文　**これは、とんだ粗相をいたしました。**

注意が粗く、いい加減な態度で臨んだために起こる失敗のことです。

右の例文のように、自分の過ちを事後に謝罪する場合に使うだけでなく、「粗忽《そこつ》」とも言います。

あらかじめ、他人に対して「くれぐれも粗相のないように」と釘を刺す場合にも使うことができます。

他には、食事の席で飲み物をこぼしたり、赤ちゃんや小さい子どもがおもらしをしたりした様子を婉曲的に表すのにも使えます。

関連　類義語に「不手際《ふてぎわ》（がある）」「しくじる」「失態（を演じる）」などがあります。

使いやすさ ★★☆☆☆

61

「のっぴきならない」

どうにもならないこと

例文 のっぴきならない事情があり、その日はお休みいたします。

元は「退《の》き引《ひ》きならない」で、「退く」も「引く」も「逃げる」ことを意味しますから、**どうにも逃げられないような厄介な事態を指しています。**

イメージは、ゲームの戦闘シーン。残された体力も回復アイテムもなく、敵から逃げたいのに逃げられない！　そうした危機的状況をいいます。

遅れたことを謝罪するときや、何かを断るときなど、こまごまと事情を説明すると、かえって白々しく感じられることがあります。やむを得ない、どうしようもない事態であったことだけを深刻そうに伝えて、相手に察してもらう方法も、ときには必要です。

関連 切迫した状況をいう類似表現に「抜き差しならない」「よんどころない」があります。

使いやすさ　★★☆☆☆

62

「平《ひら》に」

どうか、何とぞ

例文　平にご容赦ください。

へりくだって相手に懇願する様子を表す、少し古風な表現です。「お許し願います」「ご勘弁ください」などのフレーズの前につけます。イメージとしては、土下座をして謝るくらいの重要な場面で使われます。

この「平」に接頭語をつけて強めた表現が「真っ平」です。歌舞伎や文《ぶん》楽《らく》を観ていると、「真っ平ごめんくださいませ」と許しを請う場面が出てきます。今は「真っ平ごめん」は「嫌だ」という意味ですが、もともと「どうか許してくれ、勘弁してくれ」と頭を下げたいほど厄介だということから来たのです。

関連　身をかがめ、頭を低く下げる様子から、ひたすら詫びることをいう「平身低頭」もあります。

COLUMN 3

時候の挨拶はもうこわくない!

時候の挨拶は、決まりきった正解のあるものだと考えていませんか。実は、自分の実感を書いても構いません。気候の変化、植物や旬の食べ物などにアンテナを張り、そのとき相手と分かち合いたい季節のみずみずしい実感を書けばいいのです。この表も、あくまでご参考までに。

時季	○○の候、○○のみぎり	季節感を出したフレーズ例
1月	新春　厳寒	皆様にはお健やかな新年をお迎えのことと存じます。
2月	立春　向春	暦の上では春となりましたが、寒い日々が続いています。
3月	春寒　春風	ようやく春めいて、桜の楽しみな季節になりました。
4月	桜花　陽春	春光うららかな季節になりました。
5月	新緑　薫風	若葉を渡る風のさわやかなこのごろです。
6月	入梅　青葉	雲の晴れ間の青空を恋しく思う日々が続きます。
7月	向暑　盛夏	梅雨も明け、本格的な夏を迎えました。
8月	晩夏　残暑	降るような蟬《せみ》しぐれの聞こえる季節です。
9月	新涼　秋分	日増しに秋の深まりを感じます。
10月	秋晴　錦秋	さわやかな秋晴れのこころよい季節です。
11月	菊花　晩秋	朝夕の冷え込みも厳しくなってまいりました。
12月	師走　歳晩	年の瀬も押し迫ってまいりました。

第４章

文書・メールでよく使われる表現

面と向かって「厳寒の候、○○さまにおかれましては、ますますご清栄のこととお慶《よろこ》び申し上げます」と言われたら、驚きますね。しかしこうした表現は、文書や手紙の書き出しには当たり前に使われます。話し言葉と書き言葉は、語彙の水準が違うのです。この章では、とくに書き言葉でよく用いる表現を集めました。210 ページからの「あらたまった場で使われるかたい表現」とあわせて読み、文書・メールの語彙をレベルアップしましょう。

使いやすさ ★★★★★

63

「ご自愛《じあい》ください」

自身の健康を気づかうこと

例文 **時節柄《じせつがら》くれぐれもご自愛ください。**

拝啓なら敬具、前略なら草々をセットで使うというように、手紙を書くにあたっては、さまざまなしきたりがあります。時候の挨拶ではじめ、相手の体調を案じる言葉でしめくくるというのも、一つのしきたりです。

そうしたしきたりを守って手紙を書くのは、なかなか骨の折れること。ただ、「顔の見えない相手のことを思いやり、慎重に、心をこめて書く」という、手紙の精神を日常的なメールにも取り入れることで、他の人とは一味違う、上品な文章に仕上げることができます。

たとえば、ビジネスメールであれば、「いつもお世話になっております」ではじめ、「今後とともよろしくお願いいたします」と終わるのが一般的です。そこに、一工夫加えてみてはいかがでしょうか。幾度かやり取りをした、そのしめくくりとなるメールの末尾に、「どうぞご自愛ください」などとひと言添えるだけでも、印象は変わります。ビジネスライクになりがちなメールに、あたたかみが生まれるのです。

「ご自愛ください」というのは、自分自身の体を大切にすることを呼びかける表現です。手紙でよく使用され、「何とぞご自愛専一《せんいつ》になさってください」のような言い方もできます。「専一」は、「他のことを顧《かえり》みず、そのことを最優先に」という意味の言葉です。「お体に気をつけて」と伝えるなら、古風で奥ゆかしい言いまわしとして「おいといください」もあります。この「厭《いと》う」は、厭《いや》な状態を避けられるように、いたわり、気をつけるという動詞です。

寒い時季には、「お風邪など召されませんように」というフレーズもぴったりです。

関連　「御身《おんみ》お大切に」という、気づかいの言葉もあります。

使いやすさ ★★★★★

64

「一身上《いっしんじょう》の都合《つごう》」

個人的な事情

例文 **一身上の都合により、退職することにいたしました。**

「一身上」は自分の身の上のことをいいます。**退職理由として使われる言葉ですが、企業や職場とは関係ない個人的事情で退職するということを表します。**

なお、これは退職願や退職時の同僚・取引先などへの挨拶、履歴書などで使う表現です。上司や人事に退職を申し出るときに「一身上の都合で」と言う人はいません。健康問題など、何かしらの理由を申し出るものです。ただ、表向きの書類や挨拶文にそれらを具体的に書くことは憚《はばか》られるため、自己都合の退職全般を「一身上の都合で」とするのです。

関連 どうしようもない事情の場合、「止《や》むに止まれぬ事情で」「如何《いかん》ともしがたい事情で」といいます。

65

「教示《きょうじ》」

教え、示すこと

例文 次回の打ち合わせ場所はどちらでしょうか。ご教示ください。

メールや文書をパソコンで作成するときは、漢字変換が容易であるため、会話では和語でいうことでも、漢語で表現するケースが多々あります。

たとえば、**会話なら「お知らせください」「お教えください」というところを、メールでは「ご教示ください」と表現するのです**。

どこかで耳にして誤解しているのか、「ご教授ください」と書いている人を見かけますが、もし「ご教授」というのであれば、学術的・専門的な知識などを授業などの形式で教えること（teach）になります。単に、情報を知らせてほしい（show・tell）のなら「ご教示ください」です。

関連 単に情報を知らせるのでなく、指導してもらうときは「ご指南」「ご鞭撻《べんたつ》」「お導き」を使います。

使いやすさ ★★★★☆

66

「厚情《こうじょう》」

親切な気持ち、あたたかい思いやり

例文 **ご厚情を賜り、感謝の念にたえません。**

目上の人から優しく、手厚く支えてもらったことに感謝する言葉です。

「(ご)厚意」「(ご)温情」「(ご)高配」「(ご)厚誼《こうぎ》」ともいいます。

異動や退職、閉店の挨拶文、あるいは、葬式における遺族の挨拶のような、それまでの長年の感謝を伝える、あらたまった場面で用いられることが多い表現です。「長年の(生前の)ご厚情に感謝申し上げます」のように使います。

日常的な会話の中でお礼を言う際は「あたたかいお言葉、痛み入ります」「いつも支えていただき、御礼申し上げます」のような言い方がなじみます。

関連 目下の人から親切にされた場合は、「気がきくね」「助かるよ」などの具体的なねぎらいの言葉を。

使いやすさ ★★★★☆

67

「平素《へいそ》」

普段、いつも

例文　**平素は格別のご高配を賜り、厚く御礼申し上げます。**

「普段」という言葉を、丁寧にした表現が「平素」です。

電話や日常的なメールであれば、「いつもお世話になっております」で十分ですが、あらたまった書面や謝罪の手紙などでは、右の例文のように、かたい表現を用いたほうがふさわしいでしょう。なお、例文にある「ご高配」は、相手の気づかいや心配りを敬った表現です。

「平素は」「平素より」と助詞をつけて使用することもあれば、「平素利用している製品」のように、そのまま副詞的に用いることもあります。

同じ意味の語に「平生《へいぜい》」（読み方に注意）があります。

関連　口頭では「いつも」「常日ごろ」「毎度」などを使います。

使いやすさ ★★★★☆

68

「愛顧《あいこ》」

贔屓《ひいき》し、よく利用・応援すること

例文 **地域の皆さまの長年にわたるご愛顧に感謝いたします。**

「愛顧」は、客が芸人や商店などを気に入り、支援することをいいます。

愛して、よく顧みるわけです。

具体的にお金の動くイメージのある「ご利用いただき」「お取り引きいただき」などの表現よりも、「ご愛顧いただき」「ご愛顧を賜《たまわ》り」を使うほうが上品です。和語で「目をかけていただき」ともいいます。

なお、この言葉は、支援される側が感謝をこめて使うもので、客が自分で「愛顧してやってるぞ！」などと言うものではありません。

関連 類似表現に「恩顧《おんこ》」「（お）引き立て」があります。

使いやすさ ★★★★☆

69

「拙《せつ》」

下手なこと。自分に関するものを謙遜していう

例文 **拙文をお目にかけて恐縮ですが。**

どれほど丹精こめて書き上げた、自信のある文章でも、人前で紹介するときには「拙《つたな》い文」＝「拙文」というのが、日本的なマナーです。**「拙《せつ》著《ちょ》」「拙稿《せっこう》」のように、「拙」をつけることで、「大したことはありません」と謙遜し、へりくだる気持ちを表す**ことができます。したがって、他者の文章が拙いときの批判の言葉としては使えません。

他に、自分にかかわるものを低く言って謙遜する意味を持つ接頭語には、「弊社」などの「弊」、「小社」の「小」、「浅学《せんがく》」の「浅」、「愚考」の「愚」などがあります。

関連 相手にかかわるものを敬ってつける語には、主に口頭で使う「御《おん》」、書き言葉で使う「貴《き》」があります。

使いやすさ ★★★☆☆

70

「万障《ばんしょう》お繰《く》り合《あ》わせのうえ」

参加できるよう、都合をつけること

例文　ご多忙とは存じますが、万障お繰り合わせのうえ、お運びください。

トイレに「汚すな！」という貼り紙をすると、わざと汚そうとする厄介な人たちがいるそうです。高圧的・直接的に注意するよりも、「きれいにお使いいただき、ありがとうございます」といった貼り紙をしたほうが、効果的なのだといいます。

主張の内容自体はもっともであったとしても、言い方次第では反発を招きます。たとえば、重要な会議で、全員に集まってもらわなくてはならない場合でも、「絶対に来るように！」という言い方では、角《かど》が立ちかねません。しかし一方で、来てもらわなければ困るという趣旨も伝えなくてはなりません。

そんなときに使えるのが今回のフレーズです。

「万障」とは、万《よろず》の障《さわ》り。「障り」は、差し障り、障害のことですから、「万障」で「参加するにあたって差し障りとなるあらゆる事情」という意味です。それを「お繰り合わせ」するというのは、調整して都合をつけるということです。したがって、内容としては**「どんなことがあっても、必ず都合をつけて参加せよ」ということで、かなり強めに要求していることになります**。

ただ、「万障お繰り合わせのうえ」という言葉が、あまり日常的でない、格式ばった言葉である分、感情的な反発を招きにくいのです。

口頭では「お忙しいかと存じますが、ご調整を賜りますよう、どうかよろしくお願いいたします」のように案内したほうが伝わりやすいでしょう。

なお、誘われた側が「ぜひ行きます」「必ず参加します」ということを伝えるときによく使われるのが、「万難《ばんなん》を排してまいります」という言い方です。どんな困難も取り除いて必ず、という強い決意を表しています。

関連

どうしても来てほしいことを伝えるときに添える語として、他に「是が非でも」「何とぞ」「雨が降ろうが槍《やり》が降ろうが」があります。

使いやすさ ★★★☆☆

71

「笑覧《しょうらん》」

笑いながら見ること

例文　お恥ずかしい出来ですが、お手すきの際にでもご笑覧ください。

メールなどで添付ファイルを送る際、「ご査収《さしゅう》ください」と書くことがあります。この「査収」は、書類や金品などをよく調べて受け取ることです。それと対照的なのが「ご笑覧ください」です。こちらは、「大したものではありませんから、笑いながら気軽に見てくれれば」という意味です。したがって、業務上、重要な書類などには「ご笑覧ください」を使ってはいけません。**相手には直接関係のあるものではないものの、一応お目にかける、という程度の資料を渡すとき、自分（たち）の仕事の出来を謙遜して使う**ものです。

関連　目上の相手に見てもらうことを敬った表現に「ご高覧ください」があります。

使いやすさ ★★★☆☆

72

「踏襲《とうしゅう》」

前のやり方を受け継ぐこと

例文 **新社長もおおむね、前社長の方針を踏襲するようだ。**

前と同じ道を歩み（＝踏み）、後を受け継ぐ（＝襲う）という言葉です。

「襲う」に違和感のある人がいるかもしれませんが、「襲名《しゅうめい》」や「世襲《せしゅう》」と同じ使い方です。

政治家の世襲が問題視されるため、「世襲」という語にはネガティブな印象がついてまわりますが、「踏襲」のほうは、語自体によい意味も悪い意味もなく、文脈次第です。

「相変わらずだ」「毛の生えた程度だ」「代わりばえしない」といった表現の場合、変化の少ないことを批判するニュアンスが出てきます。

関連 類似表現に「（前例に）倣《なら》う」「則《のっと》る」「準拠する」があります。

使いやすさ ★★☆☆☆

73

「腐《ふ》心《しん》」

あることを成し遂げるため、ひどく心をつかうこと

例文　すっかりこじれてしまった二人の関係修復のために腐心する。

「腐」という字はなかなか強烈ですが、ここでは、心を悩ませるという意味の漢字です。

よって**「腐心」は、目標を達成したり、問題を解決したりするため、あれこれと思案する様子**をいいます。熱心に尽力《じんりょく》してくれる人の苦労をねぎらい、感謝や尊敬の念をこめて用いる言葉なのです。自分が力を尽くしたとアピールするのには、あまり使いません。

「苦心する」と同義で、和語では「心をくだく」といいます。あれこれと心を悩ませ、心がくだけてしまうほどだと比喩的にいったものです。

関連　何かの実現に懸命になる様子を「粉骨砕身《ふんこつさいしん》」「東奔西走《とうほんせいそう》」といいます。

使いやすさ ★★☆☆☆

74

「清祥《せいしょう》」

健康で幸せであること

例文 **貴下《きか》ますますご清祥のこととお慶び申し上げます。**

手紙やあらたまった書類などで、「陽春の候」などの時候の挨拶の直後に来るのが、例文のようなフレーズです。

「貴下」は、友人など自分と同程度の立場の人に敬意をこめた二人称で、この一文で、**相手の健康や幸せを祝っている表現になります**。もちろん、手紙や書類を書いている段階では、相手の状況はわからないわけですが、縁起よく言祝《ことほ》ぐ（あらかじめ、いいことを言う）のが、日本人の発想です。

「清祥」の「祥」の字は、めでたいきざしを意味する「吉祥《きちじょう／きっしょう》」などの熟語に用いられており、見事に栄える様子を表しています。

関連 同じく相手の健康や繁栄を表す語に「ご健勝」「ご清栄」「ご隆昌《りゅうしょう》」などがあります。

使いやすさ ★☆☆☆☆

75

「寛《かん》恕《じょ》」

心が広く、過ちを許すこと

例文 **不行き届きな点もあるかと存じますが、どうかご寛恕くださいませ。**

謝るとき、小さな子どもは「ごめんなさい」と言います。

この言葉を漢字変換してみると、「御免なさい」です。「御免」＋「なさい（〜しなさって）」ですから、実は赦免《しゃめん》（許すこと）を相手に要求している言葉なのです。「許してよ〜」と言っているわけですから、あまり反省している感じがしません。そのため、大人の謝罪にはあまり使われないのです。

この**「ごめんなさい」というフレーズをかたい言葉にあらためているのが、この「ご寛恕ください」です**。寛大な相手の人柄を見込んで、寛容に、恕《ゆる》してくれるよう頼んでいるのです。なお、「恕」は『論語』のキーワードの一つで、「思いやり」や「相手に同情する姿勢」を意味しています。
したがって、相手の寛容さや思いやりに甘えようとしており、言っていることは結局、「ごめんなさい」と同じようなものなのですが、格式ばった表現である分、真摯に反省して詫びる態度をにじませることが可能です。会話でよく聞く「ご容赦ください」も同じ発想ですが、「ご寛恕ください」は、これを一段階あらたまった表現にした、書き言葉向きのフレーズであるといえるでしょう。

さらに一段階あらたまった表現で、口頭ではほぼ通じそうにないのが「ご海容《かいよう》くださ い」です。「海のように広い心でお許しください」と頼んでいるわけですね。相手の優しさを立ててから謝ることで、どうにか許してもらおうとしているのです。
また、和語の表現としては、見逃してもらうよう頼む「お目こぼしください」があります。

関連
「許してほしい」という要素のない純粋な謝罪の言葉としては、「心よりお詫びいたします」「お詫びのしようもございません」などがあります。

使いやすさ ★☆☆☆☆

76

「畏《い》友《ゆう》」

尊敬している友人

例文 **畏友たる君の活躍にいつも刺激を受けている。**

文字通り、「畏《おそ》」れ、かしこまるような立派な「友」人のことをいいます。俳人・歌人として名高い正岡子規《まさおかしき》は、随想『筆まかせ』の中で、夏目漱石《なつめそうせき》のことを「畏友」と呼んでいます。

「友人」「友だち」というと、自分とその相手が対等であるような感じがしますが、中には、そうした表現が遠慮されるような相手がいるのではないでしょうか。**自分よりも年上であったり、社会的に活躍したりしている相手については、「畏友」を用いるのがふさわしいでしょう。**

たとえば、食事に行ったことをSNSに投稿する際、「私の友人Aさん」と書くと、

Aさんが著名な人である場合、人脈を自慢しているように見えてしまう場合があります。そこで「高校の同級生で、畏友というべきAさん」と紹介すれば、相手よりも自分を一段下げた感じがするため、少し謙虚な印象に変わります。

また、友人のよしみで知恵や力を借りたいときなどに、「畏友であるAさんにぜひともお願いしたく」などと添えれば、相手を立てて依頼する表現になります。

参加者が六十代、七十代中心の同窓会などのパーティーでは、「我が畏友A君」といった紹介文句も聞かれますが、一般的には、口頭で「いゆう」と聞いても、ピンとこない人が多いでしょう。ただ、目で漢字を見れば、おおよその意味は伝わると思われますので、文章で活用するとよいでしょう。

友人を意味する、格式ある言葉には他に、「盟友（＝同じ目標を誓い合った仲間）」「知己《ちき》（＝己をよく知る親友）」「知音《ちいん》（＝自分の楽器の演奏をよく理解してくれるような親友）」があります。

関連 子どものころからの親しい友人のことは「竹馬《ちくば》の友」「旧知の仲」といいます。

使いやすさ ★☆☆☆☆

77

「上梓《じょうし》」

書物を出版すること

例文 **ウェブサイトの連載を一冊にまとめて上梓した。**

昔、印刷のために文字や絵を彫りつける版木《はんぎ》に梓《あずさ》の木を用いていたことから生まれた言葉です。木版画の時代、文字を版木に刻んでいたことに由来する言葉ですから、古風で奥ゆかしい雰囲気を持っています。

書きたいことを書き上げて本にまとめたことの達成感がうかがわれる表現で、「出版する」「発売する」「刊行する」といった表現よりも、いくらか商売っ気が薄いため、使い勝手のよい表現です。出版社や販売者、読者の立場にある人が、「作家のA氏が新作を上梓した」ということはあまりなく、もっぱら著者自身が使います。

関連 著者の性別に関係なく、その人の一冊めの出版物を「処女作」「処女出版」といいます。

使いやすさ　★☆☆☆☆

78

「恵投《けいとう》」

人からものを贈られること

例文　**ご恵投いただいたご著書、さっそく拝読しました。**

目上の人や取引先などから書籍や金品などを贈られたとき、贈り主に敬意を払って「（ご）恵投」といいます。「恵贈」「恵与」も同じ意味です。

身近な人から何かをもらったことを表すなら、そこまでいわず、「頂戴する」と謙譲語を使えば十分でしょう。

なお、「お恵み」という字をつけて、厚意をありがたがっている表現ですから、自分が贈る側にまわったときに、「恵投」などと書いてはいけません。こちらから贈るものには「進呈」「贈呈」「謹呈《きんてい》」などの言葉を添えます。

関連　自分が書いたりかかわったりした本を贈るとき、贈る側からは「献本《けんぽん》」といいます。

COLUMN 4

語彙力が試される 漢字の「読み」

漢字の読み間違いで、恥をかいた経験はありませんか。書く分には、パソコンが漢字変換をしてくれる時代だからこそ、読みに語彙力の差が出ます。下の漢字を全部読めるか、チェックしてみましょう。

問題

1	行脚	11	疾病
2	逝去	12	押捺
3	斡旋	13	法度
4	吹聴	14	柔和
5	脆弱	15	不如意
6	貸与	16	未曾有
7	言質	17	云々
8	虚空	18	唆す
9	奢侈	19	諭す
10	市井	20	曝す

答え

1 あんぎゃ　2 せいきょ　3 あっせん　4 ふいちょう　5 ぜいじゃく　6 たいよ　7 げんち
8 こくう　9 しゃし　10 しせい　11 しっぺい　12 おうなつ　13 はっと　14 にゅうわ
15 ふにょい　16 みぞう　17 うんぬん　18 そそのか（す）　19 さと（す）　20 さら（す）

第5章

伝統をふまえた日本ならではの表現

現代の日本語には、歌舞伎や相撲などの伝統から生まれた表現がたくさん含まれています。また、直接的な表現を避けるなど、日本人の価値観を反映した言葉もあります。この章では、そうした日本ならではの言葉を集めました。奥ゆかしさや教養を感じさせる表現も多いため、意味や由来を学ぶことで、日本文化を知ることにもつながります。

使いやすさ ★★★★★

79

「花道《はなみち》」

華々しい活躍の場。とくに、最後の大舞台

例文　ここぞというところでやり遂げてこそ、男の花道というものです。

芝居見物といえば、それがただちに歌舞伎を観ることを意味した時期もあるほど、江戸時代以来、人々に広く愛されてきたのが歌舞伎です。

そのため、得意なものを指す「十八番《おはこ》」や、劇場を新築してはじめての興行である「柿落《こけら》とし」、黙り続けるという意味の「だんまりを決め込む」のように、歌舞伎用語が日常語に入り込んだ例も多くあります。

「花道」も、主に歌舞伎の劇場に設けられている舞台機構で、下手《しもて》（観客席から舞台を見たときの左側）の客席の中を貫く通路のことです。由来ははっきりしませんが、役者の贔屓客がそこに花を飾ったために、その名がついたといわれています。

間近にいる客の視線を一身《いっしん》に集め、大きくとどろく拍手を浴びながら、堂々と花道を歩き、見得《みえ》をする役者は、華々しいものです。

そんな千両役者の見せ場のように、**人々の注目や期待、称賛が一身に集まるような、華やかで重要な機会のことを「花道」と呼んでいます。**そうした大きな機会のことは、「晴れ舞台」「晴れの席」「檜舞台《ひのき》」と呼んでもいいでしょう。

ただし、「花道を飾る」と述語をつけた場合には、華々しい引退のことで、まだ人気や実力のある人が惜しまれながら表舞台を去る様子を表しています。これからまだ存分に活躍する人に「立派に花道を飾ってくださいね!」などと声をかけないよう、注意してください。

関連

「一世一代《いっせいちだい》」はもともと引退の近い役者が得意芸を最後に披露することで、一生に一度の晴れがましいことをいいます。

使いやすさ ★★★★★

80

「土壇場《どたんば》」

切羽詰まった、最後の場面

例文 **土壇場になって慌てないよう、日ごろから準備しておくべきだ。**

土を盛って壇を築いた場所というのが原義ですが、江戸時代になると、そうした壇において斬首刑《ざんしゅけい》を執行するようになり、「土壇場」は「斬首刑の刑場」を意味する言葉に変わりました。**いよいよ首を切られる瀬戸際、追い詰められたギリギリのとき**をいうようになったのです。

ギリギリでキャンセルする「ドタキャン」はここからです。

また、あえてこの語を「土断場」と書き、「切羽詰まっていよいよ最後の決断を迫られるような場面」という意味を強調する表記法もあるのですが、あまり一般的ではありません。

関連 「土壇場」は「に立たされる（追い込まれる）」「で持ちこたえる（踏みとどまる）」などと使います。

使いやすさ ★★★★★

81

「しのぎを削《けず》る」

激しく争うこと

例文 この分野では長年、A社とB社がしのぎを削っている。

この「しのぎ」は「鎬」と書きます。日本刀の刃側と峰(背)側との境界の辺りに、稜《かど》を立てて少し高くしてある部分があります。そこを「鎬」と呼ぶのですが、お互いの鎬を削り合うほど、激しく斬り合う様子を「しのぎを削る」といったわけです。

今日では、**ライバル関係にある者同士が激しく争ったり競い合ったりすることを意味する慣用句です**。

同じように斬り合いの様子から生まれたのが「火花を散らす」「つばぜり合いを演じる」です。いずれも拮抗《きっこう》した、激しい争いの様子です。

関連 多くの者がそれぞれ勢力をふるって対立している様子を「群雄割《ぐんゆうかっ》拠《きょ》」といいます。

使いやすさ　★★★★☆

82

「手《て》塩《しお》にかける」

自分自身の手で育てること

例文　Aさんは、入社以来、部長が手塩にかけて育てている。

「手塩」とは、好きな量を使えるように、各人の食膳に置かれた塩のこと。お清めの意味で置かれている場合もあります。手塩は、他の人は触らず、自分自身の手で使うことから、**人に任せず、自分の手で育てることを「手塩にかける」というようになりました**。

元は「手塩にかけた娘を嫁に出す」という例文のように、子どもの養育に使う言葉でした。乳母《うば》や女中を抱えるのが一般的であった時代には、「手塩にかける」ことをわざわざ強調する意味があったのでしょう。今日では、先輩が後輩、上司が部下をとくにかわいがっている様子にも使われます。

関連　目上の人が目下の人をかわいがる様子を「寵愛《ちょうあい》する」ともいいます。

使いやすさ ★★★★☆

83

「土俵際《どひょうぎわ》」

物事の決着間際の緊迫した状態

例文　失敗が続き、いよいよ彼は土俵際に立たされている。

相撲に由来を持つ言葉です。土俵の範囲を示す「土俵《つちだわら》」が並べられているところを指し、ここからはみ出すと負けになってしまうというラインです。相撲中継を見ていると、土俵際の攻防にドキドキさせられることがあります。

辞書的には「物事がまさに決着する、ギリギリの瞬間」という意味ですが、実際には中立的なニュアンスで使われることはほぼありません。**勝負に負けそうな側の目線で、崖っぷちにまで追い詰められて、もう後のないピンチの状況**をいうことがほとんどです。

関連　後のないギリギリの状況をいう語に「瀬戸際《せとぎわ》」「首の皮一枚」があります。

使いやすさ ★★★☆☆

84

「独擅場《どくせんじょう》・独壇場《どくだんじょう》」

思いのままにできる場

例文　刑事ドラマといえば、あのテレビ局の独壇場だね。

まず気をつけたいのが、「独擅場」を見て、「どくだんじょう」と読んでいないかということです。「独壇場」ではなく「独擅場」であり、「どくせんじょう」と読みます。

では、「擅」とは何かというと、「独り占めにする」「一人で自由に処理する」という意味の漢字。つまり、「独」の字と相まって、その場を独占し、自分の思うようにふるまうこと、という意味でした。その「独り舞台」という意味合いと、漢字の類似から、「どくだんじょう」と誤読したり、「独壇場」と誤記したりするようになりました。

今ではNHKの放送でも、「独壇場」を用いるようになったのだそうです。間違いがついに正しい日本語と認められた一例ですが、もしこの語を見かけたら、「独擅場」か「独壇場」かを見分けて、読み分けることができたら日本語通《つう》です。

さてこの言葉、もともと芸能で他の者の追随を許さない、その人にその場面をやらせると圧倒的である、という状態を指しましたが、現在では、**ある分野に関し、ある会社や個人が群を抜いて優れており、他社・他者が参入しがたいような状況になっていること**を広くいいます。

余談ですが、「独り舞台」といえば、落語家の中では、「独演会名人」という言葉があるそうです。落語家で、自身のファンの集まる独演会は得意としているけれど、複数の落語家が出演する寄席に出演するのを避けているか、出演しても笑いの取れない人のことをいいます。どうせなら、「独演会名人」ではなく、ホームでもアウェーでも「独擅（壇）場」にできる実力を身につけたいものですね。

関連

他の追随を許さない一人勝ち状態を「独走する」「席巻《せっけん》する」といいます。

使いやすさ ★★★☆☆

85

「お隠《かく》れになる」

死ぬことの婉曲表現

例文 **かの先生がお隠れになって、もう五年になりますか。**

日本には、忌《い》み言葉という考え方があります。縁起の悪いことを口にすると、実際によくないことが起きるのではないかと心配するのです。そのことから、死に関しては直接的な表現が避けられてきました。

今でも「この世を去る」「はかなくなる」「不幸がある」「逝《ゆ》く」など、やや婉曲的な表現が使われています。今回の見出し語もその一つ。**「死ぬ」と露骨に言わない気づかいと、尊敬語「お～になる」の使用により、目上の人の死を敬って言い表したもの**です。

書き言葉においては、漢語で表すことが少なくありません。よく見る中では、「(ご)逝去《せいきょ》」が目上の人に用いるもので、「永眠」「他界」「物故《ぶっこ》」は、自分の身内の死をいうときにも用いることができるものです。

長生きし、立派な最期を迎えた人には「(大)往生を遂げる」といいます。この人は生前しっかりと徳を積んでいるので、きっと極楽往生できるだろう、という趣旨の言葉です。「天寿を全《まっと》うする」という言い方もあります。

反対に、若くして亡くなってしまった場合は「早世《そうせい》」「夭折《ようせつ》」「夭逝《ようせい》」といいます。

仏教で、もともと完全な悟りの境地に達することを意味する「入滅《にゅうめつ》」「入定《にゅうじょう》」「寂滅《じゃくめつ》」「入寂《にゅうじゃく》」「円寂《えんじゃく》」「遷化《せんげ》」などの表現は、高僧の死をいうのに用いるものですが、一般の人に使用されている例も見られます。

なお、皇族のご逝去に関しては、律令制以来の伝統を踏まえ、特別な表現を用いたほうがよいとされています。天皇陛下・皇后陛下なら「崩御《ほうぎょ》」、皇太子殿下なら「薨御《こうぎょ》」、親王殿下なら「薨去《こうきょ》」です。

関連

「臨終」はもともと「末期《まつご》」と同様、死に際を意味しましたが、今日《こんにち》では死そのもののこともいいます。

使いやすさ ★★★☆☆

86

「正念場《しょうねんば》」

最も肝心なところ

例文 このプロジェクトにとって、ここからが正念場だといえるでしょう。

歌舞伎や浄瑠璃《じょうるり》（文楽《ぶんらく》）では、その芝居の最も重要な部分、芯となる心を「性根《しょうね》」と呼び、「役の性根をきちんととらえる」というように使います。その性根をしっかり見せる山場のことを「性根場」といったのが転じて、「正念場」になったものと見られます。演じるのが難しく、乱れのない心（＝正念）で演じなくてはならないことも言葉の由来の一つです。

今後を左右するほどの大事な場面を表すときに使われます。困難であるが、何とか持ちこたえて成果を上げたいという気持ちをこめて「踏ん張りどころ」ということもできます。

関連 運命を左右する重要な局面を「天王山《てんのうざん》」、そんな勝負に出るのを「乾坤一擲《けんこんいってき》」ともいいます。

使いやすさ　★★★☆☆

87

「二《に》の句《く》が継《つ》げない」

言うべき次の言葉が出てこないこと

例文　**あまりに衝撃を受け、二の句が継げなかった。**

日本古来の雅楽《ががく》に由来する言葉です。朗詠《ろうえい》する詩句を三段に分けて歌うときの二段めが「二の句」にあたります。一の句は低音域、二の句は高音域、三の句は中音域で詠《うた》われます。この高音部の二の句を息切れせずうまく詠じきることが難しいことから、「二の句が継げない」という表現が生まれました。

それを一般化したのがこの慣用句で、**しゃべっていて次の言葉が出ないこと、あるいは、驚いたりあきれたりして、返答の言葉が出てこないこと**をいいます。

関連　呆然とする様子をいう類似表現に「茫然自失《ぼうぜんじしつ》」「開いた口がふさがらない」があります。

使いやすさ ★★★☆☆

88

「来《こ》し方《かた》行《ゆ》く末《すえ》」

過去と未来。過ぎてきた方向とこれから行く方向

例文　**年齢的な節目を迎え、己の来し方行く末に思いをはせた。**

読み方は「こしかたゆくすえ」もしくは「きしかたゆくすえ」です。この「し」は、古語での過去の助動詞「き」の連体形です。息の長い言いまわしで、実は、千年前の『源氏物語』でも使用されているのです。

これまで歩んできた道のり、これから歩いてゆく道のりのことを表すときに使います。自分の人生について、大きな時間の流れの中でとらえるような、味わい深さがあります。この言葉を聞くと、私は、美空ひばりさんの「川の流れのように」や、中島みゆきさんの「時代」といった曲を思い出します。

関連　「行く末」と似た表現に「先行き」や「前途」があります。

使いやすさ ★★☆☆☆

89

「糊《こ》口《こう》をしのぐ」

貧しい中で何とか暮らしていくこと

例文 **失職し、しばらくはアルバイトを掛け持ちして糊口をしのいだ。**

もともと漢文から日本語に取り入れられた表現で、八世紀にはすでに使われていました。現在の中国語にも残っています。

この「糊」は、お粥《かゆ》のこと。お粥、それも米のお粥ではなく、粗末な雑穀のお粥ばかりをすすって生き延びている、という、貧しい生活ぶりを表現しています。「口を糊《のり》する」ともいいます。

「しのぐ」は、ここでは「暑さをしのぐ」と同様、我慢して切り抜ける、耐え忍ぶ、という意味です。**生計を立てるため、不本意な仕事をしたり無理をしたりして、何とか乗り切っている状況**です。

関連 金銭的に苦しい生活を送る様子を「しがない」「露命《ろめい》をつなぐ」「食うや食わず」といいます。

使いやすさ ★★☆☆☆

90

「お福《ふく》分《わ》け」

祝いの品や自分のもらったものを他人に分け与えること

例文 **ご遠慮なさらず受け取ってくださいませ、お福分けですから。**

多くの地域で、出産などのおめでたいことがあったとき、近所におまんじゅうなどを配る風習があったそうです。自分の家に訪れた幸運を独り占めすると、後でどんな悪い報《むく》いを受けるかわからない、そんな思いから生まれた習わしでした。その幸せのおすそ分けを「お福分け」といったわけですが、今では意味が広がり、**人からの贈り物やお土産（＝福）を他の人に分け与えること**もいいます。

余談ですが、来客が持ってきた手土産を、その場で当人とともに食べるときには「お持たせですが、どうぞお召し上がりください」と言います。

関連 「福（＝運がよく恵まれていること）」と同じ意味の語に「幸せ（仕合わせ）」「果報」があります。

使いやすさ ★☆☆☆☆

91

「しゃちほこばる」

いかめしく構えること、かたくなること

例文　そんなにしゃちほこばって説教をしなくてもいいのにね。

魚へんに弱いと書くと「鰯《いわし》」、魚へんに春と書くと「鰆《さわら》」ですが、魚へんに虎と書くと「鯱《しゃちほこ》」です。

しゃちほこは想像上の海獣で、頭は虎に似ており、背にするどいトゲがあって、尾が空に向かって反り返っているといわれています。実在しない生物ですが、城の屋根の大棟の両端につける飾り瓦に使われているので、多くの人が姿を思い浮かべられるのではないでしょうか。

あのしゃちほこのように、**大仰《おおぎょう》にいかめしく構える様子、かたくなっているる様子**をいいます。

関連　緊張からかたくなって、いかめしくなっている様子を「肩肘《かたひじ》張る」「肩を怒《いか》らせる」ともいいます。

COLUMN 5

含蓄《がんちく》のある四字熟語に人生を学ぶ

いつの時代にも通じる教えや、中国の故事などがシンプルに４字にまとまっている「四字熟語」。大人になってから学ぶと、なかなか含蓄が深いものです。力士が大関や横綱に昇進するときの口上《こうじょう》で、四字熟語を使う例も見られますが、あなたも、自分の座右の銘となるような四字熟語を探してみては？

「則天去私《そくてんきょし》」

「天に則《のっと》り、私を去る」と訓読します。夏目漱石が晩年に理想とした境地として知られる言葉です。小さな私個人にとらわれず、自分の心身を天にゆだねて生きていこうという意味です。自分のエゴを離れ、自然の法則や普遍的な妥当性に従えばいい、というわけです。中国の老荘《ろうそう》思想にも通じます。

「迷者不問《めいしゃふもん》」

中国古典『荀子《じゅんし》』にある言葉で、道に迷う人は、人に質問・相談したりせずに、自分勝手に行動してしまうせいで迷うのである、という教訓です。わからないことがあったり悩んだりしたら、積極的に人に尋ねるべきだというわけです。なお、ここでいう「道」は、学問の道、人としての道のことを指しています。

「信賞必罰《しんしょうひつばつ》」

上に立つ者の心得で、部下は適切に評価しなければならないという意味です。功績を上げた人には必ず褒美や称賛を与えなくてはなりませんし、罪を犯すなど、罰しなくてはいけない人は必ず罰する姿勢を見せなければ、下の人たちが正しく動かなくなります。中国の古典『韓非子《かんぴし》』に出ている言葉です。

「熟慮断行《じゅくりょだんこう》」

検討段階では念入りに考え、やると決めたら、思い切って実行すること。慎重さと決断力・実行力をあわせ持つべきことを説いています。この四字熟語がある一方で、「即断《そくだん》即決《そっけつ》」という、ほぼ反対のものもあるのがおもしろさです。自分にとって必要な言葉、参考になる言葉を探したいですね。

参考：『新明解四字熟語辞典』（三省堂）

第6章

言いにくいことを穏やかに伝える表現

「気の置けない友人」という言葉があります。遠慮なく、何でも気軽に話すことのできる相手のことです。そうやって話せるのは、ごく限られた親友だけですね。実際、多くの人づきあいでは、気をつかい、できるだけ波風が立たないよう、発言にも気を配る必要があるはずです。ここでは、忠告、悪い報告、無理なお願いなどをするときに、言いにくいこともきちんと伝えられる言葉をご紹介します。

使いやすさ ★★★★★

92

「あいにく」

具合の悪いこと、間が悪いこと

例文 あいにく名刺を切らしておりますので、あらためてご挨拶いたします。

今では「生憎」と漢字で書くこともありますが、元は「あや、にく（し）」でした。古語で「ああ、憎らしい！」という意味だったのです。

物事が自分の思う通りにいかず、その事態を恨む気持ちをいいます。日常では、「あいにくのお天気で」などと使ったことのある人も多いかもしれません。

現在では、「あいにく」もしくは「あいにくと」の形で、副詞として使うことのほうが多くなっています。たとえば、「課長の山田は、あいにく不在にしております」という風に使います。

催しごとや飲み会などに誘われて断る際に、「あいにくその日は先約がありまして」と使うのも定番です。「あいにく」をつけることで、「本当は参加したいのですが、残念ながら、その日は先約があって行けないのです。恨めしいことです」というニュアンスを出せます。「相手の期待に応えたいのはやまやまだが、応えられず、自分としても非常に残念である」という気持ちをこめることができるので、断ることにともなう拒否感・拒絶感が薄れ、相手に不快感を与えずにすむでしょう。

他には、「おあいにくさま」という使い方もあります。

「おあいにくさまですが、そちらは現在品切れです」というクッション言葉的な使い方もしますが、皮肉として使う場合もあります。「おあいにくさま。そうそう思い通りにはいきませんよ」などと言うと、相手の期待が外れたことについて、見込みの甘さなどを皮肉な言い方で批判する意味になります。

関連

類語に、タイミングが悪いことを嘆く「折悪《おりあ》しく」があります。

使いやすさ ★★★★★

93

「手前味噌《てまえみそ》」

自慢すること

例文

手前味噌にはなりますが、弊社は創業以来七期連続で増収増益です。

味噌を各家庭で手作りしていた時代、「自分の家で作った味噌のほうが、他の家のものよりもおいしいぞ」と自慢することを「手前味噌」といいました。今でも、**自分の手柄や自社の業績、身内の成功などを自慢気に披露する様子をいう言葉**として使われています。

「おい、それは手前味噌だぞ」と、人の自慢を注意するような使い方はしません。自慢になりそうな話をする際、最初に「手前味噌ですが」と断っておくと、奥ゆかしい印象になります。

関連

同様の表現に「自画自賛」があります。「自画自賛のようでおそれいりますが」などと使えます。

使いやすさ ★★★★★

94

「お手《て》やわらかに」

手ひどくなく、手加減して

例文

業務を担当して日が浅いもので、お手やわらかにお願いいたします。

将棋などで対局する際、**「自分は弱いです。あなたはお強いのだから、どうか優しく手加減してくださいね」と頼む言い方**です。実際に手加減してくれるかどうかは不明ですが、相手の強さを認めているため、相手を立てることが伝わります。

そこから広がり、一緒に仕事をしたり、取り引きをしたりする際の挨拶としても使われるようになっています。その場合、「至らない点があると思いますが、指摘するときはほどほどに、優しくお願いします」とか、「あまり厳しい条件を突きつけないでくださいね」といった意味です。

関連 甘く、寛大に接することを「大目に見る」「(失敗に)目をつぶる」「手心を加える」といいます。

使いやすさ ★★★★★

95

「亀裂《きれつ》が入《はい》る」

不仲になること

例文 **あれほど信頼し合っていた二人なのに、例の件で亀裂が入ったようだ。**

亀の甲羅の模様のように、ひび・裂け目が入ることをいいます。現在では、**人間関係に溝が生じることの比喩的な表現として使われる**ことがほとんどです。裂けてしまうわけですから、事件があり、信頼関係が決定的に崩壊したときの表現です。

「亀裂が入る」のような関係断絶まではいかないにしても、対立し、ぎくしゃくする状況を「軋轢《あつれき》」「確執《かくしつ》」「摩擦」「軋《きし》み」「不協和音《ふきょうわおん》」などと言い表すことがあります。

関連 人間関係が冷え込むことを「隙間風が吹く」「疎遠《そえん》になる」ともいいます。

使いやすさ　★★★★☆

96

「お汲《く》み取《と》りください」

自分の行動や考えをわかってほしいということ

例文　勝手を申しますが、どうか事情をお汲み取りください。

口にしがたい、あるいは、詳しく伝えるのは遠慮されるような自分側の事情をわかってほしいときに使います。たとえば、予算が削減され、従来よりも安い金額で仕事を依頼しなくてはならなくなったとき、いちいち、会社の経営状態などの事情を全部説明するようなことはしません。そういうとき、「不景気の折から、どうかお汲み取りください」と使うわけです。

類語の「お察しください」も同様ですが、相手の理解力や度量の大きさを頼りにしているというニュアンスが含まれます。相手を立てて要望をのんでもらおうとするわけです。

関連　漢語では「ご斟酌《しんしゃく》ください」「ご賢察《けんさつ》ください」といいます。

使いやすさ ★★★★☆

97

「不躾《ぶしつけ》」

無作法であること

例文　不躾なお願いではございますが、資料をご作成いただけますか。

漢字は中国から入ってきたもの。それを私たちは常識だと思っていますが、実は、中国にはもともとなく、日本で新たに作られた漢字があります。たとえば、神道の催事に用いる「榊《さかき》」。中国では「動」ですませてしまう「働」。これらは、和製漢字（国字）です。

そうした和製漢字の一つが「躾《しつけ》」です。裁縫で形を整えるために仮縫いすることを「しつけ縫い」と呼びますが、その言葉を転用し、礼儀作法を教え、人としての基本を整えるという意味にしたのが、躾という語です。きちんと礼儀作法を習得すれば、身を美しく整えることができる。そうした凛《りん》とした美しさを持つ言葉が、躾なのです。

させて、「不躾」は躾がなっておらず、立場をわきまえず相手に失礼なことをしてしまう様子をいいます。日常では、「不躾ですが」「不躾なお願いですが」というように、クッション言葉として用いることが多いです。**「本来、あなたにこのようなことを尋ねたり頼んだりするのは失礼で、やってはいけないことであると承知しておりますが」と、申し訳ないという気持ちをこめて使います。**

たとえば、年齢や住まいなど、相手の個人的な情報を尋ねようとしているとき、あるいは、相手に時間を取らせたり手間をかけさせたりしてしまう頼みごとをするとき、前置きなしに切り出しては、唐突で遠慮のない感じがするときに、こうしてあらかじめひと言断るとよいでしょう。

躾という漢字にこそ美しさがあるのですが、メールなどで相手が読めるか不安なときには、「ぶしつけですが」とひらがな表記にするのも一つのやり方です。

関連
相手に手間や時間をかけさせてしまう依頼には、「厚かましいお願いですが」というフレーズも使えます。

使いやすさ ★★★★☆

98

「精彩《せいさい》を欠《か》く」

活気にあふれた感じがしないこと

例文　今日の田中君は、いつもの精彩を欠いていたように思います。

子どもがテストで失敗したとき、「だめな子ね」などと、生まれつきの能力を否定することを言うと、子どもは自信や学ぶ気力を失ってしまいます。「今回は失敗しちゃったね。次は頑張ろう」と、これからに期待する余地を残したほうが、子どもの可能性が引き出されるはずです。

それは、大人でも同じです。相手のパフォーマンスが悪いときに、実力を完全に否定するような言い方をすると、角が立つばかりで、今後につながりません。

相手に力を出してもらいたいなら、「本来は実力があるのに、今日はどうもいつもの調子が出ていないようだね」というニュアンスで伝えるべきでしょう。それにふさわしい、**相手を批判しながらも鼓舞《こぶ》することができる表現が、「精彩（生彩）を欠く」です。**

「精彩」は、輝く光、彩《いろど》りという意味で、人やその働きに関して使うときは、いきいきと活躍する様子を表しています。内面的な充実が外にもあふれ出ているような、キラキラしたエネルギーに満ちている状態のことです。それが存分に発揮されている状態を「精彩を放つ」といいます。

その反対が「精彩を欠く（精彩に欠ける）」。元気がない、いいところが見られない、ぱっとしない、切れが悪い、という意味で、スポーツ選手の評価にもよく使われています。なかなか厳しい言葉ですが、ここに「いつもの」「本来の」という枕詞《まくらことば》をつければ、本来相手が持っている力に期待する気持ちをこめることができます。

「ふるわない」「調子が出ていない」「本調子でない」「スランプに陥っている」という言い方もあります。

関連

反対に、調子がいい状態は「冴《さ》えている（冴えわたっている）」「切れがある」と評します。

使いやすさ ★★★★☆

99

「おこがましい」

馬鹿げていること、生意気であること

例文　私が言うのもおこがましいですが、もっとやりようがあったのでは？

古語で「おこ（当時の表記は「をこ」）」というと、馬鹿という意味でした。それを形容詞にしたのが「おこがましい」ですから、もともとの意味は「馬鹿馬鹿しい」です。やがて、分《ぶん》もわきまえずにしゃしゃり出る様子が、あきれて笑ってしまうほど馬鹿馬鹿しいということから、**「生意気だ」「調子に乗っている」という意味になりました。**

忠告などをする際、「このようなことを言うのはおこがましいのですが」とクッション言葉にして使います。生意気にあたるのは自覚しているのですが、と謙虚な姿勢を示します。

関連　生意気に知恵（多くは悪知恵）を働かせる様子を「こざかしい」といいます。

使いやすさ　★★★★☆

100

「したり顔《がお》」

得意気な顔

例文　ノルマを達成したからといって、したり顔をしてはいけませんよ。

得意気、自慢気な顔のことをいいます。

得意顔のことを「してやったり」と顔に書いてあるようだ、ということで「したり顔」と呼ぶのです。古くは、紫式部《むらさきしきぶ》が清少納言《せいしょうなごん》を「したり顔」と評しています。お笑い芸人の影響で、関西弁の「ドヤ顔」（「どうや！」と周囲に自慢する様子から）という語も広まりつつありますが、くだけた言い方なので、あまり上品な言葉づかいではありません。

他に、調子に乗っていることを批判的に評する言葉には、「いい気になる」「天狗《てんぐ》になる」「鼻にかける」「増長する」などがあります。

関連　いい意味で調子（勢い）に乗っていることは「弾みがつく」「波に乗る」といいます。

使いやすさ ★★★★☆

101

「老《ろう》婆《ば》心《しん》」

必要以上の親切心

例文 **老婆心ながら、明日までにお願いした資料は進んでいるよね。**

年をとった女性は、自分の子や孫に対して、ときに過剰な親切心で接するときがあります。もうとっくに自立した中年の息子に向かって「ちゃんとご飯食べてる？」などと心配している人も多いものです。そのような**必要以上の世話焼きを「老婆心」といいます**。

人に忠告する際、「老婆心ながら」とつけると、「おせっかいとは自覚しているのだけど」と謙遜しているニュアンスが含まれます。古くから、師匠が弟子を心配する文脈で使われているので、性別を問わず使ってよい表現ですが、目上、年上の人に対して使うのは自然ではありません。

関連 不要と思いながらの忠言には「おせっかいながら」「念のため」「蛇《だ》足《そく》ですが」と添えます。

使いやすさ ★★★☆☆

102

「手《て》あかのついた」

新鮮味がなく、陳腐《ちんぷ》なこと

例文 そんな手あかのついたキャッチコピーでは、誰も惹きつけられません。

「手あか」とは、文字通り手の垢《あか》や、手で触ったがためにものについてしまった汚れのことをいいます。ガラスなどに指紋がべたべたとついて汚れている様子がイメージしやすいでしょう。

「手あかのついた」は一種の比喩で、**たくさん使われた結果、ありふれたものとなり、陳腐で魅力のないものになってしまった**ことをいう、ネガティブな表現です。

一方、よくあるという意味の言葉であっても「王道」「定番」「オーソドックス」のように、安定感を強調するポジティブな表現もあります。

関連 「手あかのついた」と同様に否定的なのが「ありふれた」「目新しさのない」「今さら感のある」です。

使いやすさ ★★★☆☆

103

「沽券《こけん》にかかわる」

品位や体面に悪い影響があること

例文 このままA社に押されっぱなしでは、我が社の沽券にかかわります。

江戸時代、土地などの売買契約を交わした際に、売主から買主に渡した証文《しょうもん》のことを「沽券」と呼んでいました。その証文には物件の値段も記されていたことから、「沽券」の語に値打ち、価値という意味も生まれました。

現在ではもっぱら、**人前で保ちたい価値（＝品位・体面・信用）のことを指すようになっています**。個人でいえばプライド、組織でいえばブランドのことです。「沽券にかかわる」の他、「沽券が下がる」という言い方もあります。

日常生活では「こちらから頭を下げるなんて、私の沽券にかかわる」というように、自分（たち）の社会的地位が脅《おびや》かされかねない状況で用いることが多いのですが、「そのようなことをなさっては、あなたの沽券にかかわりますよ」といったように、他者の信用問題に関しても使える言葉です。

なお、沽券は他者も認める価値のことです。したがって、もともと一定以上の自信や評判がある場合にしか、この言葉は使いません。

せっかくこれまで築いてきた評判や自信を低下させてしまうということから、「看板に傷がつく」「暖簾《のれん》に傷がつく」という表現もできます。「看板」「暖簾」という語を用いているので、店や会社の評判を下げかねないときに使う言い方です。それに対し、個人の評判を落としかねないことをいう場合には、少し変えて「あなたのお名前に傷がつきますよ」と言えばいいでしょう。

関連

不祥事などで、世間での評判を大きく下げることを「信用を失墜《しっつい》させる」「株を下げる」といいます。

使いやすさ ★★★☆☆

104

「お戯《たわむ》れ」

ふざけること、いたずらをすること

例文 さすがに、お戯れが過ぎませんか。

交渉をしていて、あまりに無茶な条件を突きつけられたときなど、「ふざけるなよ！」と叫びたくなるときがありませんか。その気持ちを上品に言い表したのが、「お戯れを」や「お戯れが過ぎます」というフレーズです。

「戯れ」は本来、遊び半分にふざけている様子ですから、**そのような無茶を言っているわけではないですよね。「冗談ですよね」「まさか本気で」と皮肉めいた言い方をすることで、常識的な思考に立ち返るようにうながす言葉**なのです。

セクハラに対し、拒絶の意を示すときにも使える言葉です。

関連 目下の人を「ふざけるな！」と叱るときには「大概《たいがい》にしろ」「冗談は休み休み言え」などがあります。

使いやすさ　★★★☆☆

105

「語《ご》弊《へい》」

言葉の使い方が不適切で、誤解を招きかねないこと

例文　**こう言うと語弊があるかもしれませんが、おもしろい事件ですね。**

この「弊」の字は「弊害《へいがい》」にも使われている字で、悪いこと、困ったこと、という意味です。言葉の害とはどういうことかというと、**ちょうどいい表現が見つからず、言い方に不足やずれがあるので、そのせいで誤解を招いてしまうかもしれないということ**です。

相手に注意するときに、言い方がちょっと極端だったり過激だったりして、感情的な反発を招きかねないときがあります。その際、「表面的な言葉にカッとならず、真意を受け取ってください」と訴える趣旨で使われることが多い言葉です。

関連　害という意味の「弊」の字をつけた「弊社」という表現は、自社を謙遜した言い方です。

使いやすさ ★★★☆☆

106

「差《さ》し出《で》がましい」

でしゃばること

例文 **差し出がましいこととは存じますが、ひと言ご意見を申し上げます。**

本来の役割などからはみ出している様子を「差し出がましい」といいます。本人は、よかれと思って、あれこれ口出しをしているのですが、客観的に見れば、必要以上に他人のことに首を突っ込んでいる状態です。

「差し出がましい真似はよせ」と人に注意する際にも使えますが、「差し出がましい口をききますが」のように、意見を述べるときのクッション言葉として使うことが大半です。忙しい人の仕事を、本人から頼まれる前に手伝った際にも、「差し出がましいかと思いつつ、こちらで進めました」と言うことができます。

関連 おせっかいで迷惑することを、「ありがた迷惑」「横槍が入る」「いらぬお世話」といいます。

使いやすさ ★★★☆☆

107

「折《お》り入《い》って」

とくに心をこめて

例文 **お忙しいかと存じますが、折り入って相談したいことがございます。**

「ぜひとも時間を取ってほしい」という気持ちをこめて使う表現です。

職場のデスク付近での立ち話ですませるような軽いケースには使わず、わざわざ会議室に移動したり、食事の席を設けて話したりするぐらいの重要度のときに使います。

休職・退職の申し出や、業務上の失敗や停滞の報告など、大きく深刻なことを相談するときがそれにあたります。

他でもないその人を頼りにして、どうしても相談したいのだ、というニュアンスのある言葉です。相手も、頼りにされて悪い気はしないでしょう。

関連 「どうしても」と切に希望する様子を「たっての願い(希望、要望)」といいます。

使いやすさ ★★☆☆☆

108

「言《い》わずもがな」

言うべきでない、言わなくてもよいこと

例文 そこまでは、言わずもがなですよ。

時代劇を見ていたら、お殿様が「もうよい、みなまで言うな」と言っている場面がありました。自分の過ちを懺悔《ざんげ》する家臣に対し、「私にはおおよそ察しがついているから、最後までわざわざ説明しなくても大丈夫である」と声をかけたわけです。

お互いに事情がわかっている場合、いちいち全部言葉にするのはわずらわしく感じられることもありますし、はっきり言葉にしてしまうことで、余計な角を立てることにもなりかねません。

そうした状況のとき、**「そこまで言わなくていいですよ」、あるいは、「そこまで言うな！」という趣旨で使うのが、「言わずもがな」という言葉です。**

「言わずもがな！」と単独で言うわけではなく、「それは言わずもがなのことですよ」「言わずもがなのことを言うやつだ」のように使います。

この後ろの「もがな」というのは古語で、「〜であればいいなぁ」という願望を表しています。ですから、「言わずもがな」で「言わないでいてくれたらなぁ」という意味なので、あまりきつい印象にならずにすむのです。

「言わずもがな」に関しては、もう一つ、全く違う使い方があります。

そこまで詳しく言わなくても十分に通じるから、わざわざ言わないでほしい、というところから生まれた用法で、「言うまでもなく当然だ」「わかり切っている」という意味で用いるのです。たとえば、「遊園地のパレードに、子どもは言わずもがな、大人までもがはしゃいでいた」という風に使います。

関連

言わずもがなのことまで言ってしまう様子を「口が過ぎる」「口を滑らせる」「ひと言多い」などといいます。

使いやすさ ★★☆☆☆

109

「寡聞《かぶん》にして」

見聞が狭いこと

例文 そちらについては、寡聞にして存じませんでした。

「寡」という漢字は、口数の少ない「寡黙」や、少数企業で市場を独占する「寡占」などで使われる、「寡《すく》ない」という意味です。

ですから、**「寡聞にして」は、自分の知識・見聞が少ないと謙遜する言葉です**。あくまで自分の無知を恥じる表現で、他人の批判をするときには使えません。同じような表現に「浅学菲才《せんがくひさい》の身」があります。

上司や先輩、その道を専門としている人に対し、「寡聞にして存じませんでした。どうかご指導願えますでしょうか」と、教えを乞うような気持ちで使いましょう。明らかに自分のほうが相手よりもそのことについて詳しい場合に、この言葉を使うと、むしろ嫌みで高圧的な印象を与えかねません。

なお、人によっては、わざと、相手の認識違いに対する強烈な皮肉として、「へぇ〜、そのようなことは寡聞にして存じませんでした」という言葉をぶつけることもあります。「自分は結構詳しいのだけど、それでも聞いたことがないよ。あなたは勘違いをしているのでは？」という意味の嫌みで、学会などで耳にします。相手に「寡聞にして」と言われたときは、その真意を見極める必要があるのです。

類似表現のうち、主として学術論文などの硬質な文章で用いられるのが、「管見《かんけん》では」です。細い管《くだ》を通して物事を見ている、と自身の視野の狭さを謙遜する言葉です。大御所の先生の文章にこそ似つかわしく、ビジネスでの使用や、若手・中堅クラスの人の使用にはなじまない言葉です。

逆に、若い人でも使いやすく、口頭でも取り入れやすい類似表現としては、「不勉強で」「不案内なもので」「あまり明るく（＝詳しく）ありませんで」があります。

関連

初心者であまり詳しくないということを伝えるには「かじった程度です」という言い方もあります。

使いやすさ ★★☆☆☆

110

「拙《せっ》速《そく》に過《す》ぎる」

十分に考えない、せっかちな様子であること

例文　動き出しが肝心とはいいますが、いくら何でも拙速に過ぎませんか。

若いころ、プレゼンテーションの資料を作っているときに、デザインや言いまわしなどの細部にこだわりすぎてしまい、上司に見せるべき〆切に遅れてしまったことがあります。当然ながら、「多少雑でもよいから、〆切を守れ」と叱られました。

物事には、100パーセントの出来であることより、80パーセントのクオリティであってもスピードがはやいことのほうが求められている場合も多いものです。**まずい部分もあるが、仕上がりのはやいことを「拙《せっ》速《そく》」といいます。**

反対に、出来上がりが遅いが、優れた仕上がりであることを「巧遅《こうち》」といいます。巧遅のほうがいいとされるケースもあるでしょうが、中国の古典には「巧遅は拙速に如《し》か

ず（＝及ばない）」という格言があります。

さて、この決して悪い意味とも限らない「拙速」に、「〜に過ぎる」をつけることで、否定的なニュアンスを持たせたのが「拙速に過ぎる」です。新聞ではよく、政府の批判に使われる言葉です。十分に審議せず、強引に法律や予算を通そうとする様子を評していうのです。

忠告で「拙速に過ぎる」を使うこともあります。この言葉であれば、相手の考え自体を否定していることにならないのがポイントです。いい考えだと思うけれど、まだ機が熟していないのではないか、という諫《いさ》め方ですね。内容を全否定されているわけではないので、相手も聞く耳を持ちやすいのではないかと考えられます。

同様の表現に「時期尚早《じきしょうそう》の」「速断に過ぎる」「性急に過ぎる」などがあります。

関連

じっくり十分に考える様子を「熟考《じゅっこう》」「熟慮《じゅくりょ》」「思慮に思慮を重ねる」といいます。

使いやすさ ★★☆☆☆

111

「あられもない」

あってはならない、ふさわしくないこと

例文 **酔っているとはいえ、あられもないふるまいはやめたほうがいいよ。**

動詞「あり」に可能の意味の助動詞「る」がついたものを「ない」で打ち消した言葉です。

「あることができるはずもない」、すなわち「ありえない」という意味です。「そんな侮辱的な発言をするなんてありえないね」と言うとき、「ありえない」は「あってはならない」というニュアンスですが、「あられもない」も同様の意味で使われることがほとんどです。

使われるシチュエーションは限られていて、女性の態度がたしなみや品性に欠けているのを非難するときぐらいです。

関連 外見やふるまいがたしなみに欠けるとき、「ふしだら」「破廉恥《はれんち》」ともいいます。

使いやすさ ★★☆☆☆

112

「膠着状態《こうちゃくじょうたい》」

事態が動かないこと

例文 社内改革を目指したプロジェクトは、ずっと膠着状態にある。

動物や魚の皮などから作ったゼラチンを膠《にかわ》といいます。長年、接着剤として使われてきたもので、膠でくっつけると、ぴったりとついて動きません。そのことから、**事態が動かないこと、思うような進展が見られないことを、比喩的に言い表すようになりました**。

「行き詰まっている」「手詰まり」「全然だめ」などというよりも婉曲的《えんきょくてき》かつ、かたい言い方なので、報告などで便利に使える表現です。

関連 解決策が見つからず、どうしようもない状態を「袋小路《ふくろこうじ》」「立ち往生《おうじょう》」ともいいます。

COLUMN 6

歴史から生まれた言葉

中国の昔の出来事に由来する言葉を「故事成語」といいますが、日本の歴史をもとにした言葉もあります。自分の知っている言葉が、実は教科書にも載っているような事件や法令、風習、人物に由来しているとわかると、おもしろいものですね。

「天王山《てんのうざん》」

1582年、織田信長が本能寺の変で明智光秀に討たれると、羽柴秀吉（後の豊臣秀吉）が敵討《かたきう》ちに立ち上がります。光秀・秀吉が衝突したのが山崎の戦い。この戦いにおける、天王山の争奪戦が伝説化してできたのがこの言葉です。勝敗や運命の重大な分かれ目を意味します。

「一国一城《いっこくいちじょう》の主《あるじ》」

1615年、現在「一国一城令」と呼ばれる法令が出されました。徳川家康が立案し、徳川秀忠が発令したものです。これにより、大名は原則、領内に一つの城しか持てなくなりました。ですから、大名からすると「一国一城」は嫌なことだったのですが、今では、マイホームを所有するという望ましい状態をいうのに使われています。

「元《もと》の木阿弥《もくあみ》」

いったんよい状態になったものが、再びもとの状態に戻ること。戦国時代、筒井順昭という武将が病死したとき、その子である順慶が成人するまでは死を隠しておこうとし、順昭と声の似ていた木阿弥という人物を使って訪問者を騙しました。順慶が成人し、相続もすんでお役御免になると、木阿弥は元の身分に戻ったのでした。

「上戸《じょうご》・下戸《げこ》」

701年に「大宝律令《たいほうりつりょう》」が制定されました。このとき、納税額を基準として「大戸《たいこ》」「上戸」「中戸《ちゅうこ》」「下戸」と階層が分けられたのですが、家族の結婚式で飲むべき酒量が階層別に定められていて、「上戸」では8瓶、「下戸」では2瓶でした。それで、飲める人を「上戸」、飲めない人を「下戸」というわけです。

第7章

大人なら知っておきたい表現

読者の皆さんのお困りごとを想定し、この章にまとめました。本来の意味から変化して使われるようになっている言葉。無意識に使いがちですが、実は目上の人に使うと失礼な言葉。よく使われるものの、間違って使われていることが多い言葉。ビジネスシーンで見聞きするカタカナ語や、あらたまった場で使われるかたい表現。一つひとつ、自分の知識をチェックする感覚で、読み進めてみましょう。

113

「（議《ぎ》論《ろん》が）煮《に》詰《つ》まる」

元　議論が十分なされ、結論が出せる状態になる

今　議論が行き詰まり、新たなアイデアが出ない

料理の「煮詰まる」は、十分煮込んだ煮物の水気が飛んで味が凝縮し、仕上がった状態です。議論が「煮詰まる」のも、同じ趣旨だったはずですが、「行き詰まる」や「気詰まり」から影響を受けたのか、ネガティブな語感となり、**もはや新たな展開が期待できない、困った状態を意味する**ようになっています。

point

議論が進まない状態は「膠着《こうちゃく》状態」「袋小路《ふくろこうじ》」ともいいます。

114

「破《は》天《てん》荒《こう》」

元　前例のないことを成し遂げる

今　豪快で、大胆なことをする

本来は、偉業を成し遂げること。唐代の中国で、科挙の合格者が長年出なくて「天荒」（荒れ地）と見下されていた地域で、はじめて合格した人を称えた言葉が「破天荒」でした。今日では主に「**無茶な言動をする様子**」を表すようになっています。**褒め言葉だと受け取ってもらえることは稀《まれ》でしょう。**

point

斬新《ざんしん》さを褒めるには「未曾有《みぞう》」「前代未聞」「型破り」なども使えます。

115 「姑息《こそく》」

元 一時《いっとき》の間に合わせ

今 ずるい、卑怯《ひきょう》な

「姑」は「しばらく」、「息」は「休息」という意味の字で、ほんの一時、間に合わせの策でしのぐことを意味していました。

その場しのぎの言動はずるく感じられることから、現在では、**73パーセント以上の人が「卑怯だ」というネガティブな意味で使っています**（文化庁「令和三年度 国語に関する世論調査」）。

point

ひどいやり口には「卑劣な」、ずるい手口には「狡猾《こうかつ》な」「抜け目のない」というのが正確です。

116 「こだわる」

元 細かいことを必要以上に気にする

今 妥協せず、細部まで追求する

漢字で書くと、「拘《こだわ》る」。つまらないことに必要以上に心が拘束される、という悪いイメージの言葉でした。この字で「拘泥《こうでい》」などともいいます。

しかし現在では「こだわりの逸品《いっぴん》」「こだわりを持って仕事をする」と使うように、**高い理想のもとに細部まで吟味《ぎんみ》を重ねる、というよい意味に変わっています**。

point

つまらない事柄にこだわり続けることは「固執」「執着」といいます。

117「御《おん》の字《じ》」

元 大いにありがたい

今 一応、納得できる

「御」の字をつけて呼ぶほど、ありがたがることですから、**最上のもの、望みが叶って十分に満足できること**に使います。江戸初期に、遊女たちの使っていた言葉が広まりました。

現在では、「**まあまあよい**」「**一応、合格点**」という意味で使う人が過半数です（文化庁「平成20年度国語に関する世論調査」）。

point

大満足には「本望《ほんもう》」「会心の出来」、まずまずなら「及第点」を使います。

118「潮《しお》時《どき》」

元 ちょうどよいとき

今 ちょうどよいやめどき

航海する際に、潮の満ち引きや流れのいいときを「潮時」と呼びました。ですから、ぴったりのタイミングを意味しているだけで、否定的な語感はとくにありませんでした。

ただし現在ではもっぱら、**引退・撤退・別れの決断にちょうどいいとき**という意味で使います。

point

ちょうどよいときにやめられないことや、決断力のない状態を「往生際が悪い」といいます。

119 「白《しら》羽《は》の矢《や》が立《た》つ」

元 犠牲者として選ばれる

今 名誉な役割に選ばれる

神様が生《い》け贄《にえ》を要求するとき、家の屋根に白羽の矢を立てると信じられていました。生け贄になるわけですから、**つらい役がまわってくるという意味でした**。

しかし、由来が忘れられ、よい意味で使われることが増えました。決まった形の慣用句なので、「白羽の矢が当たる」と変えてしまわないようにしましょう。

point

大人数から選出するという語には他に「抜《ばっ》擢《てき》する」「篩《ふるい》にかける」があります。

120 「垂《すい》涎《ぜん》」

元 食べたくてよだれを垂らすこと

今 あるものを欲しいと熱望すること

「涎《よだれ》を垂《た》らす」わけですから、もともと食べ物を欲しがる様子をいう表現です。

それほど上品な言いまわしでもないのですが、**比喩的に何かを強く求めることをいう表現として広く定着しています**。「ファン垂涎の再演」などと使われています。

「すいえん」と読むのは、本来誤りです。

point

何かを楽しみに待つ様子は「待望」「待ち焦がれる」「待ちかねる」と表せます。

121
「穿《うが》った見方《みかた》」

元 物事の本質をとらえる

今 疑ってかかる

「雨だれ石を穿つ」ということわざがあります。雨だれが長い間落ち続ければ、かたい石にも穴が開くことから、継続的努力の大切さを説くものです。このように、「穿つ」は元来するどく貫くという意味で、物事の核心の一点を巧みに突く観察力・表現力を表しましたが、今は**変に深読みして勘ぐるニュアンス**になっています。

point

素直でない見方は「斜に構える」「ひねくれた」「シニカル」といいます。

122
「やぶさかでない」

元 努力を惜しまない

今 仕方なくする

「吝《やぶさ》か」は、ケチ（吝嗇《りんしょく》）なこと。それに打ち消しの表現をつけ、「手伝うのにやぶさかでない」といえば、**「努力を惜しまず積極的に手伝う」ことでした**。

現在では「嫌ではない」ぐらいの消極的な意味に誤解している人が多いため、やる気のアピールには使いにくくなってしまいました。

point

快く引き受ける際には「お安い御用です」「喜んで」というと確実です。

123「微《び》妙《みょう》」

元 趣深く優れた様子、繊細な美しさ

今 いまいちである

かつては「絶妙」「精妙」と同様、よい意味で用いていたのですが、**今では、期待に添えていない状態をいうのに使われています**。もともと「微《かす》かなところに味わいがあり、はっきりと言葉で言えない」ということだったものが、「よいか悪いかはっきりと言えない状態だ」というニュアンスに転じました。

point

微妙、いまいちな様子は「冴えない」「切れが悪い」「ふるわない」ともいいます。

124「確《かく》信《しん》犯《はん》」

元 本人は正しいと信じて行う犯罪

今 本人も悪いと知りながらする悪事

元来、自身の政治的信念や宗教的信条を貫くため、法律違反と知りながらも犯す罪をいいました。本人は、道徳的に正義であると思って遂行しているのです。しかし、日常的には、**「自分でも悪いと確信しながらも、わざとやること」という意味で使われています**。また、犯罪というより、ちょっとした悪事に使うようになっています。

point

意図的に悪事を行うことを「故意に」「悪意を持って」と表現します。

125 「上手《じょうず》」

×

先輩、プレゼン上手ですね！

相手の能力を評価するような言い方は失礼にあたります。**良し悪しを評価するのは、上から目線の行為だから**です（80ページ）。

（80ページ）

前々からの評判・期待通り、やはり素晴らしかったという意味の「さすがですね」や、周囲の受け止め方を表現した「お見事ですね」「圧倒されました」であれば、差し支えないでしょう。

point

「上手」は「お上手を言う」「お上手な人だこと」のように、「お世辞」という意味で使うこともあります。

126 「ご苦労《くろう》さまでした」

×

（目上の人に）今日はどうもご苦労さまでした。

一般に、目下の人をねぎらう表現とされ、目上の人に使うことには違和感があります。時代劇などで、**上の人が下の人を「ご苦労」とねぎらう印象が強く、威圧的な語感がともなっているから**でしょう。

言葉の成り立ちとしては「お疲れさまでした」とほぼ差はないのですが、こちらは許容されることが多いようです。

point

目下の人の働きに感謝する際には「ご苦労さまでした」「ありがとうございます」とねぎらうのが自然です。

127 「そつ（が）ない」

× 突然でしたが、そつなくこなしましたね。

「抜け目がない」「手落ちがない」という意味ですが、**「無難に」（この上なく素晴らしいというほどではない）**、あるいは**「小器用《こきよう》に」（真に実力があると褒める感じがしない）**という語感がともなっており、目上の人に対しては使いにくい表現です。
例文中の「こなす」も同様に、失礼な印象を与えます。

point
「そつがない」と同じ意味の「如才《じょさい》ない」も、目上の人を褒めるのには使いません。

128 「したたか」

× 先輩もなかなかしたたかな人ですね。

「強か」と書きます。もともとは、「したたかな後見役」のように「確かである」というよい意味にも使っていたのですが、近代以降、**「一見そうは見えないが、実は相当のやり手で、なかなかこちらの思い通りにならない人」**という意味が一般化しました。多くの人が、腹黒さ、狡猾さを連想するようになっています。

point
確かでしっかりしているさまを「芯の強い」「ぶれない」「たくましい」などと表しますが、面と向かっては言いません。

129 「奢《おご》る」

×

お礼の席なので、ここは私に奢らせてください。

「奢る」はもともと、「驕る」と同じく「人よりもよい状態にあることを得意気に思う」という動詞で、**調子に乗っているという否定的な意味合いの強い語です**。お金があることを誇示して他人に飲食をふるまうところから、今の「奢る」の使い方が生まれています。そういう語源を知ると、目上の人には使えませんね。

point

目上の人にふるまうことを申し出るには「こちらで持たせてください」と言うのがいいでしょう。

130 「一《ひと》筋《すじ》縄《なわ》ではいかない」

×

さすが、一筋縄ではいかないやり手のAさんだけのことはあります。

普通のやり方ではうまく対処できない、手ごわい人のことを言い表す言葉です。その場にいない第三者のことを評する分にはいいのですが、目上の人を直接評価する言葉ではありません。

こちらが**相手を思い通りに制御しようとする思いを感じさせるうえ、相手がひねくれた人だといっているような単語だから**です。

point

「煮ても焼いても食えない」「ひと癖もふた癖もある」「海千山千《うみせんやません》」も同じ意味の語です。

131

「お見《み》それしました」

× 商談での部長の駆け引き、お見それしました。

自分の見立てがずれており、相手の才能・手腕などに気づかずにいたことを詫びるときに使う言葉です。

自分の予想よりも相手が優れていたということですが、逆にいえば、**最初の予想で相手の力を低く見積もっていたこと**を意味します。

そのため、目上の人に対しては失礼になりかねないのです。

point

目下の人が思わぬ力を見せた場合、「侮《あなど》っていたよ」「見くびっていたよ」などとも言えます。

132

「頑張《がんば》ってください」

× 異動先でも頑張ってくださいね。

「頑張れ」は、「努力しろ」という意味ですから、**「現段階であまり努力していないのだから、もっと努力するように」という趣旨に聞こえかねません**。

また、そもそも目上の人に対し、目下の側が行動を決めるようなことを言うのは失礼にあたります。

よって、命令形で「頑張れ」とは言わないものなのです。

point

励ます場合、「ご活躍をお祈りしております」のように言うのが一般的です。

133
「胆《きも》（肝）に銘《めい》じる」

× 胆に命じる（命令する）

○ 胆に銘じる（刻み込む）

「胆力《たんりょく》」という言葉があるように、「胆」は人格の芯となる部分だと考えられてきました（38ページ）。「銘じる」は、器や金石などに文字を刻み込むことですから、**言われた忠告・助言などを決して忘れず、しっかり心に刻み込んで覚えておくこと**を意味します。

point

忘れないようにすることは、他に「脳裏に焼きつける」「心に刻む」などの表現があります。

134
「琴《きん》線《せん》に触《ふ》れる」

× 激しく怒らせる

○ 感動・共鳴する

人の感受性を琴《こと》の絃《げん》にたとえた表現で、**素晴らしいものに触れ、自分の心が震えるような感動のさま**をいいます。

「逆鱗《げきりん》に触れる」（竜のあごにある逆さウロコに触れると激しく怒り出すということから、目上の人を怒らせるという意味）と混同されがちです。

point

深く感動することを「感銘を受ける」「感極まる」といいます。

135 「この親《おや》にしてこの子《こ》あり」

× 子どもが悪い親に似ている

○ 子どもが優れた親に似ている

子どもは親の性質を受け継ぐという意味の言葉で、とくに、**「これほど優れた親があってこそ、これほど素晴らしい子どもが生まれるのだ」と感心し、称える意味で使うもの**です。

「このような悪い親だから……」とあきれる文脈で言うのは、誤用です。

point

子も親と同程度に過ぎないというネガティブな表現は「蛙《かえる》の子は蛙」「瓜《うり》の蔓《つる》に茄子《なすび》はならぬ」など。

136 「敷《しき》居《い》が高《たか》い」

× 値段や雰囲気が近寄りがたい

○ 自分の過ちによって近寄りがたい

相手に対して失礼なことをしてしまい、訪れるのに心理的抵抗があることをいいます。

別に不義理をしたわけでもないのに、高級な寿司屋などを「敷居が高い」と評している例を見かけますが、そうした場合には、「(自分には)格式が高い」「ハードルが高い」という表現が妥当でしょう。

point

自分には手の届かないものを「高嶺《たかね》の花」「雲の上の」といいます。

137「しめやかに」

× 厳粛に、おごそかに

○ ひっそりと静かに、悲しげに

結婚式が行われる様子を「しめやかに」と述べている例を見かけますが、「しめやかに」は、**しんみりと静かで、どちらかというと、さびしげな様子を表す言葉**なので、すべての式典に使える言葉ではありません。悲しい儀式、たとえば通夜や葬式に使うのは妥当です。

point

儀礼が静かに執《と》り行われる様子を「静粛に」「粛々と」といいます。

138「すべからく」

× すべて、全員

○ ぜひとも、当然に

漢文に由来する言葉です。「須《すべか》らく〜べし」という再読文字の構文を覚えた記憶のある人もいるでしょう。必須の「須」ですから、**「ぜひとも（〜する必要がある）」というニュアンス**なのですが、音の類似もあって「すべて」という意味だと誤解されがちです。

point

「すべからく」は現在も「〜すべきだ」「〜したほうがよい」などの文末と使用します。

139

「世間《せけん》ずれ」

× 世間からずれていること

○ 世間に慣れ、ずる賢くなること

「ずれている」ではなく「擦《す》れている」ことからできた言葉です。世間のさまざまな面に触れて、**厳しい中でやっていくために、色々と悪知恵をつけた様子**を評する言葉です。

荒波を乗り越えた、したたかな強《つわ》者《もの》は「海千山千」といいます。

point

世間ずれしすぎて、態度が悪くなった人を「すれっからし」「あばずれ」といいます。

140

「双《そう》璧《へき》」

× 双璧(立ちはだかる強敵)

○ 双璧(二つの優れたもの)

もともと**「璧」は宝玉という意味で、優れたものを表します**。「完璧」という熟語にも使われていますね。「完璧」は「完壁」と誤記してしまいがちですが、同じく「双璧」も間違われがちです。

他に、二つの優れたものを称える言葉には「双美」という言い方があります。

point

三つの優れたものをいうには「御三家《ごさんけ》」「三強」「三本柱」「三巨頭」などがあります。

141 「他山《たざん》の石《いし》」

× 先輩の言動を見習い、参考にする

○ よその悪いところを自分の学びにする

石は宝玉《ほうぎょく》の対義語です。よその山から出た粗悪な石でも、自分の宝玉を磨く助けぐらいにはなる、という中国古典『詩経』の言葉から、**他人のよくない言動を見て、自分の向上のヒントにすることを**いいます。

したがって、目上の人に「他山の石とさせていただきます」と言うのは失礼です。

point
類似表現に「人の振り見て我が振り直せ」「反面教師にする」があります。

142 「体《てい》よく」

× きちんと整えること

○ うわべだけ取り繕《つくろ》うこと

「体裁よく」を縮めた表現です。「しつこい誘いを体よく断った」のように使います。

もっともらしい理由・事情をこしらえ、うわべだけ取り繕うことを意味しているので、誠意のなさや、ずる賢さを感じさせてしまいます。いい意味として使わないようにしましょう。

point
揉《も》めごとにならないよう、丁寧に断ることを「やんわりと断る」「波風を立てないように断る」といいます。

143 「なおざりにする」

× その場しのぎの対応をすること

○ いい加減な態度で、対応しないこと

「おざなりにする」と混同されやすい言葉です。「おざなり（御座形）」は元来、お座敷でその場しのぎの言動をとることで、いい加減でも何かしらの行動に移すことを言いました。その「おざなり」に対し、「なおざり」は、**いい加減な態度の結果、ろくに対処しないという意味です。**

point

いい加減な態度で、まともに対応しないことは他に「おろそかにする」「ないがしろにする」といいます。

144 「二《ふた》つ返事《へんじ》」

× 一つ返事で快く引き受ける

○ 二つ返事で快く引き受ける

「二つ返事」は、**何かを頼まれた際、すぐに「はい、はい」と引き受ける様子を表した言葉**です。しかし、「二の足を踏む」との混同か、聞き返したりせず一度めで引き受けることを強調したいのか、「一つ返事で引き受ける」という誤用が広まっているようですが、そういう言い方はありません。

point

快く引き受けてもらったことを、「快諾《かいだく》してくれた」「嫌な顔一つせず引き受けてくれた」といいます。

145 「眉唾《まゆつば》もの」

× おいしいもの、うまい話

○ 真偽が不確かで、あやしげな話

眉に唾をつけておけば、キツネやタヌキに化かされずにすむという言い伝えから、**真偽が定かでなく、騙されないよう用心したほうがいいもの、信用できないもの**、という意味の「眉唾もの」「眉唾」という表現が生まれました。警戒心を込めた言葉です。「うまい話には気をつけよう」というわけです。

point

あやしい話は「信憑性《しんぴょうせい》に欠ける」「いかがわしい」ともいいます。

146 「耳《みみ》ざわり」

× 耳ざわり（いい意味にも使う）

○ 耳ざわり（聞き苦しいものだけ）

「舌ざわりのなめらかなプリン」の「ざわり」と、「耳ざわり」の「ざわり」を混同した結果、「耳ざわりがよい音楽」のような誤用が見られます。

「耳触り」ではなく「耳障り」と書き、**耳に差し障りがあるわけですから、いい意味には使えません。**「目障り」も同じです。

point

うるさくて不快な様子を表す言葉には「かしましい」「けたたましい」「喧々《けんけん》たる」などがあります。

147
「役《やく》不《ぶ》足《そく》」

× 役の重さに実力が足りないこと

○ 役が軽くて実力に見合わないこと

「今回〇〇を任されました。役不足ですが、頑張ります」という挨拶が聞かれます。本人は謙遜のつもりでしょうが、実際には、「こんな役は、自分には簡単すぎる」という不遜な発言になっています。大御所俳優に脇役、というように、**年齢や立場から考えて軽い役どころを人にお願いするときに使う言葉です。**

point

自分の力不足で役割を果たせそうにない場合、「荷が重い」「荷が勝つ」「器ではない」といいます。

148
「やおら」

× 急に、唐突に

○ そっと、おもむろに

静かな状態から徐々に行動を起こす様子を表し、「ゆっくりと」という意味なのですが、反対の「急に」という意味で使われやすい表現です。変化するという点に注目しすぎたり、「やにわに」という言葉と混同されたりした結果、誤解が広まったと見られます。

point

「唐突に」を表す、やや古風な表現に「にわかに」「ゆくりなく」「だしぬけに」「藪《やぶ》から棒」があります。

149

「奥《おく》さん」

× 自分の妻

○ 他人の妻

「うちの奥さんがさ」と話す男性を見かけますが、奥さん・奥さま・奥方には敬称も含まれており、一般に、他人の妻を敬って表す呼称です。**自分の配偶者のことを外で言い表す場合には「妻」「家内」というのが適切です。** ただし、女性の社会進出も進む今、「家内」は不適当だという意見もあります。

point

他人の夫は「ご主人」「旦那さま」が一般的ですが、男女差別的だとして、「お連れ合い（さま）」と表す人もいます。

150

「流《なが》れに棹《さお》さす」

× 流れを止める

○ 流れを活かし、勢いに乗る

「水を差す」と混同されがちです。「話の流れに棹さすようですみません」と言う人を見かけますが、棹一本では流れは止まりません。川底を突いて舟を進めるのが棹です。川の流れに加え、棹で川底を突くことで勢いよく進むわけです。そこから広がり、**時流や機運に乗り、勢いのある様子のことをいいます。**

point

勢いを増す様子を「拍車がかかる」、盛り上がりを見せる様子を「白熱する」「ヒートアップする」といいます。

151

「佳《か》境《きょう》」

× 忙しいとき

○ 物語などのとくに魅力的な場面

「今、例のプロジェクトが佳境を迎えていて、手が離せないんだ」のように、忙しさのピークをいうために使っている例を見かけますが、「佳」の字は「優れている」「美しい」という意味なので、ニュアンスがずれます。

小説やマンガ、ドラマなどが盛り上がりを見せているときなどに使います。

point

業務の多い時期を「繁忙期《はんぼう》」、売り上げの多い時期を「かき入れどき」といいます。

152

「お力《ちから》添《ぞ》え」

× 自分が人を手伝うこと

○ 人が自分を手伝ってくれること

相手の協力・助力に感謝するときに使われるのが「お力添え」という表現です。**尊敬語の「お」があるので、自分が力を貸すときには使いません**。「微力ではありますが、私もお力添えしましょう」は誤りなのです。

「お力添え」は漢語でいうと「ご支援」「ご後援」「ご尽力」などにあたります。

point

自分が手伝えなかったことを詫びる際には「お力になれず」「お役に立てず」といいます。

153 「ニッチ」

意味 隙間、適所

それまで誰も手をつけずにいた隙間の産業・市場のことで、マーケティングの分野でよく使われる語です。需要はあったのに、規模がそれほど大きくないか、単純に盲点になっていたかで見落とされていた領域であり、そこに目をつけて商売をすれば、堅実に成果を上げることができます。

言いかえ例

我が社は、大手企業の狙わないニッチな産業で成功した。

↓

我が社は、大手企業の狙わない隙間産業で成功した。

154 「フレキシブル」

意味 柔軟である

従業員の裁量で始業・終業時刻を変えられる制度をフレックスタイム制といいますが、その「フレックス」の派生語が「フレキシブル」。**考え方やシステムなどが柔軟で、何かと融通がきく様子をいうポジティブな単語**です。規則やマニュアル通りの四角四面《しかくしめん》な対応ではない、状況に順応する柔軟さを評価しています。

言いかえ例

フレキシブルなワークスタイルの人が増えている。

↓

柔軟な働き方をする人が増えている。

155 「アウトソーシング」

意味 業務を外部委託する

ソースは資源のこと。ここでは、石油とか石炭といったエネルギー資源ではなく、経営資源のことを指しています。外の資源を利用する、つまり、**一部の業務について組織の外の人や会社に委託すること**をいいます。アウトソーシングするかわりに、自分たちは根幹となる事業に注力することを目指すわけです。

言いかえ例

中小企業には、経理をアウトソーシングする会社も多い。

↓

中小企業には、経理を他の事業者に任せている会社も多い。

156 「キャパシティ」

意味 その人・施設の能力で請け負える仕事量や人数

受け入れ可能な量のこと。こなせる仕事量をいうことが多いです。本人の処理能力を超えた作業量に陥っている場合、キャパ超え・キャパオーバーといいます。また、会議室やレストランなどの収容可能人数のことを「会場のキャパシティ」ということもあります。

言いかえ例

若いうちに挑戦したほうが、キャパシティは広がるよ。

↓

若いうちに挑戦したほうが、仕事の処理能力も上がるよ。

157「ダイバーシティ」

意味 人材の多様性

性別や人種、学歴、年齢、価値観などの多様性を高めたほうが、斬新なアイデアが出たり、多様化する社会のニーズを汲み取ったりできます。女性マネージャーの比率を高めたり、外国人や障害者を雇用したりする企業は、DE&I（ダイバーシティ・エクイティ&インクルージョン）を掲げていることが多いです。

言いかえ例

組織のダイバーシティを高めたほうがよい。

↓

組織の顔ぶれが多様性に富んでいるほうがよい。

158「コミットメント」

意味 責任を持ってかかわる、約束

目標達成・任務遂行に対し、責任感のある本気の関与のことをいいます。

あるフィットネスジムは「結果にコミットする」というフレーズで一世を風靡《ふうび》しました。失敗しやすいダイエットについて、ジム側が結果に責任を持つと言い切る覚悟が、多くの消費者を惹きつけたのです。

言いかえ例

業績改善には社員のコミットメントが重要だ。

↓

業績改善には、社員の責任感あるかかわりが必要だ。

159 「コンセンサス」

意味 複数の人による合意

単にある一人の賛成をいうのには使わず、**集団全体の納得感が醸成されていることを表現するときに使います**。「国民全体のコンセンサス」などと使います。

「それ、コンセンサスは取れてる?」は、十分に組織内に根回しをしているかどうかを尋ねている質問といってよいでしょう。

言いかえ例

町おこしには、住民のコンセンサスが必要だ。

↓

町おこしには、地域住民全体の合意が必要だ。

160 「フィックス」

意味 固定、確定する

契約条件や約束の日時などを確定させることをいいます。たとえば、打ち合わせなどの日時を調整するとき、いったん予定を仮押さえしておいて、後から変更・正式決定することがあります。仮でなく確定したタイミングで「フィックスした」というわけです。

なお「フィクサー」は、裏で問題を解決する人のことです。

言いかえ例

打ち合わせって、8日でフィックスですか?

↓

打ち合わせの日程は、8日で確定ですか?

161 「プライオリティ」

意味

優先事項

重要なこと、優先されることです。多くの人・組織が同時並行でさまざまなことに取り組む中、どれが重要（あるいは緊急）で、どれを後回しにしても平気かを見極める必要があります。その**優先順位、あるいは優先順位の高い事柄をいうのに使う言葉です**。最優先のことは「ファースト・プライオリティ」といいます。

言いかえ例

その仕事は今、プライオリティが低いんじゃないか？

↓

その仕事は今、優先順位が低いんじゃないか？

162 「アジェンダ」

意味

協議事項、行動計画

課題を一覧にまとめたもののこと。具体的には、**会議で検討すべき事柄をまとめた打ち合わせ資料や、大きなプロジェクトの中の具体的な行動計画のこと**をいいます。会議の前にアジェンダを作っておけば、漏れなく円滑に進めることができます。

言いかえ例

明日までに、会議のアジェンダを作っておいて。

↓

明日までに、会議の議題を一覧にまとめておいて。

163「クロージング」

意味 しめくくり、契約締結

営業・広告担当の人がよく使う言葉で、**最終的な商品の購入手続き、契約書類の記入のこと**をいいます。

「買おうかな」と好意的な姿勢を示していても、最後の最後でひっくり返ることもよくあるものです。捺印など、決して覆《くつがえ》されない、最後の詰めの段階となるクロージングを見届けることが重要です。

言いかえ例

会話が弾んでも、クロージングできなければ意味がない。

↓

会話が弾んでも、申し込んでもらわなくては意味がない。

164「コンプライアンス」

意味 法令遵守《じゅんしゅ》

食品の偽装表示や不正な会計処理、談合などが問題視される中、重視されるようになった概念です。**法律だけでなく、差別発言やパワハラをしないなど、常識的・道徳的なルールを守ることも含まれます**。PC（ポリティカル・コレクトネス。政治的・社会的に公正・公平な、差別のない方針）という言葉も聞かれます。

言いかえ例

不祥事がないように、コンプライアンスの徹底が不可欠だ。

↓

不祥事がないように、法律・ルールの遵守の徹底が不可欠だ。

165

「サマリー」

意味
要約、概要

議事録や報告書、計画書、論文などには、必要な情報を漏《も》れなく詳しく書くことが重要ですが、一方で、読み手にはあまり時間がありません。そこで、**要点や全体像をまとめた資料を添えることがあります。それがサマリーです。**A4判で一枚など、すっきりと簡潔なものであることが多いです。

言いかえ例

事業計画書には、エグゼクティブサマリーが欠かせない。

↓

事業計画書には、決裁者向けに要点をまとめた資料が欠かせない。

166

「シナジー」

意味
共同作用、相乗効果

二つ以上のものや企業・人が相互に作用し、よい影響が生じることをいいます。たとえば、二社が提携し、物流網・販売網を共有することで、両社ともコストを削減して販路拡大を実現するような場合を評していいます。人の相性がよく、協力してよい成果を生み出す場合にも使います。

言いかえ例

M&Aで、両社の得意分野のシナジー効果が期待できる。

↓

合併（もしくは買収）では、両社の得意分野の相乗効果で成果が出ると期待できる。

167「ブラッシュアップ」

意味 磨き上げる

ブラッシュはブラシ（brush）の動詞で、スーツにブラシをかけて手入れをするように、**仕事やアイデアをよりよい状態になるよう磨き上げること**をいいます。商品や制度に関してなら、改善・改良と言いかえられます。資料作成なら、推敲《すいこう》・修正と表現してもいいでしょう。

言いかえ例

幾度かのブラッシュアップを経て、企画書が通った。

↓

幾度か直すことで、企画書が通った。

168「ブルーオーシャン」

意味 未開拓市場

これまでにない商品・サービスを生み出せば、競争相手のいない、新たな市場を作れます。これがブルーオーシャンです。逆に、既存の分野で競争が激しい市場は、レッドオーシャンといいます。レッドオーシャンでは、細かな性能の差、価格、イメージ戦略で競争しなくてはなりません。

言いかえ例

消費者の要望に応えるだけでは、ブルーオーシャンは発見できない。

↓

消費者の要望に応じるだけでは、新規市場を切り拓けない。

169

「ブレーンストーミング（ブレスト）」

意味

集団での創造的な発想

アレックス・F・オズボーンが提唱した会議の方法です。集団でアイデアを出すのですが、他人の意見を批判したり数値的根拠を求めたりせず、**ポジティブな空気の中、短時間にどんどん意見を出して新しいアイデアを生み出します。** 非現実な案を含めて多数のアイデアを発散するのがコツです。

言いかえ例

コストを度外視しないと、ブレストにならない。

↓

コストを脇に置かないと、創造的な話し合いなんて無理だ。

170

「マイルストーン」

意味

道しるべ、作業進行上の節目

元は、道路の脇などにある、起点から何マイル進んだかを示す目印のことをいいました。そこから転じて、**長期的な計画について、きちんと予定通りに進んでいるかどうかを確認するための節目の出来事、指標のこと**をいうようになりました。

言いかえ例

今月末の催事が重要なマイルストーンになる。

↓

今月末の催事が重要な節目になる。

171

「リスクヘッジ」

意味 危険に備え、保険をかける

株や為替《かわせ》、先物の取り引きで使われていた言葉です。資産が大きく減少するのを避けるため、保険的な取り引きをして危険を回避することです。

現在では、危険への備えをいうのに広く使います。失敗確率の高い新規事業に挑戦する際、それと別に安定的な収益源を確保することはリスクヘッジといえます。

言いかえ例

取引先を増やすことも、リスクヘッジの一つの方法だ。

↓

取引先を増やすことも、危険を避ける一つの方法だ

172

「リテラシー」

意味 情報の取捨選択・活用の能力

元は読み書き能力、識字力のことでしたが、近年では、情報リテラシーの意味で使われていることが多いです。**情報を広く集め、真偽を正確に見極めたうえで取捨選択し、利用する力のこと**です。

インターネット上の情報の氾濫《はんらん》やメディアごとの情報の偏りが問題視される中、必要な能力として注目されています。

言いかえ例

お金のリテラシー教育が導入されはじめている。

↓

お金に関する情報の収集・吟味を学ぶ教育が導入されはじめている。

173

「忖《そん》度《たく》」

意味 相手の心を推し量る

相手が何を考えているかを想像する、思いやる、という言葉で、古来使われてきたものです。**近年では、上役の人間に気をつかって意向を推し量り、それに配慮した行動をとること**を意味する場合が増えています。組織内の上下関係が明確で、空気を読むことが求められる日本社会に特徴的な用法といえるでしょう。

言いかえ例

上層部の考えを忖度した提案が期待されている。

↓

上層部の考えを推し量り、配慮した提案が期待されている。

174

「不《ふ》退《たい》転《てん》」

意味 屈しない姿勢

もともと仏教用語で、怠らずに修行に励むことをいいました。今もそうした真摯《しんし》なイメージのともなう語です。**信念を持って事に臨み、決して引かない態度**であり、「マジです」「逃げずに本気でやります」という気持ちをかたい言葉で表現できるものといってよいでしょう。

言いかえ例

不退転の決意で、改革を進めてまいります。

↓

何にも屈しない覚悟で、改革を進めてまいります。

175
「可及的速《かきゅうてきすみ》やかに」

意味 できるだけはやく

「可及的」は、力の及ぶことが可能な範囲という意味です。「ただちに」というと、実際に時間的にすぐであることを求めるのに対し、「可及的速やかに」の場合、手続きなどに必要な時間を考慮するニュアンスがあります。
なお、英語にはASAP（as soon as possibleの略）という表現があります。

言いかえ例
政府は可及的速やかに対策を講じるべきだ。
↓
政府はできるだけはやく対策を取ったほうがよい。

176
「割愛《かつあい》」

意味 手放したり、省略したりする

元は愛着の気持ちを断ち切るという仏教用語で、**何かを捨てたり一部を省いたりするときに「本当は切りたくないのだけど」と、残念な思いをにじませる言葉**です。たとえば、来賓や電報の紹介を省くような場面で使われます。
「私の経歴紹介は割愛して」などと、自分に関することを省くのには使いませんので、ご注意を。

言いかえ例
恐縮ながら、内容は割愛し、お名前のみご紹介します。
↓
恐縮ながら、内容は省略し、お名前だけご紹介します。

177 「如何《いかん》ともしがたい」

意味　どうにもならない

何とかしようとしても、もはやどうにもならない状態のことをいいます。

困難な状況であっても、「お手上げだ」「無理だ」と言うのは、やる気や工夫が足りない印象を与えかねません。無責任に投げ出す印象にならないように、かたい言い方をして、事態の困難さを漂《ただよ》わせましょう。

言いかえ例

事業継続のため、手を尽くしましたが、如何ともしがたく。

↓

事業を続けるため、あれこれ取り組んでまいりましたが、どうしても難しく。

178 「鑑《かんが》みる」

意味　よく考え、自分の判断を決める

過去の例や手本、現在の一般的事情などに照らし合わせて、よく考えることをいいます。いい加減に判断しているのではなく、じっくり考えた結果である、という印象を与えるため、よく使われています。

もともと「鏡」が動詞になった言葉です。本来は「〜に鑑みる」と使います。

言いかえ例

諸般の事情に鑑み、今回は中止いたします。

↓

さまざまな事情をふまえて考えた結果、今回は中止いたします。

179

「粛々《しゅくしゅく》と」

意味 おごそかな様子、静かな様子

「静粛」や「厳粛」という熟語を考えれば、言葉の雰囲気はわかると思います。儀式などにおいて、**あらたまった雰囲気のもと、静かに物事が進む様子をいうもの**です。実際の会話では、「おごそか」「静か」という意味から離れ、やるべきこと（だけ）を真面目に執り行う様子にも使われています。

言いかえ例

卒業式は粛々と進められた。

↓

卒業式は緊張感を持って静かに進められた。

180

「喫緊《きっきん》」

意味 差し迫った、一刻を争う

「喫」はその状態を受け入れるという意味の漢字で、「緊迫」「緊張」の字と合わせた「喫緊」となると、緊急の状態、「至急解決しなくてはならない」という状態を表します。**事態の深刻性をアピールするため、あえて、「喫緊」という難しい言い方が選ばれることがあります。**

言いかえ例

我が社にとって、管理職の育成は喫緊の課題です。

↓

我が社にとって、管理職の育成は急いで解決しなくてはならない課題です。

181 「遅滞《ちたい》なく」

意味 遅れずに

遅れや滞《とどこお》りのないよう、誠実に対応することをいいます。契約書などの正式な書類でもよく使われています。

「ただちに」「即座に」よりも緊急性は低いものの、グズグズせず、妥当であると認められる範囲内で早めに行動することが期待されています。

言いかえ例

退職時には、会社からの貸与品を遅滞なく返還せよ。

↓

退職時には、会社が貸している物品を遅れずに返しなさい。

182 「顚末《てんまつ》」

意味 事情、事件の一部始終

「顚」は「頂《いただき》」のことで、「顚末」で、**事の一部始終という意味です**。顚末と始末は似た意味の言葉ですが、一般には、「顚末書」は事実報告、「始末書」は事実報告に加え反省の意を書くものです。始末書を求められるほうが深刻で、何らかの処分が下される可能性が高いです。

言いかえ例

組織内で共有するから、事故の顚末をまとめておけ。

↓

組織内で共有するから、事故の経緯をまとめておけ。

183 「励《れい》行《こう》」

意味 努力する

励んで行うと書き、意識的に努力して行うことです。「指差し励行」「手洗い励行」というように、**業務や生活をするうえでぜひ行わなくてはならないことを推奨・促進するために使われる言葉です。**

言いかえ例

インフルエンザが広がらないよう、手洗い励行の掲示を出す。

⬇

インフルエンザが広がらないよう、手洗いを実施することをうながす掲示を出す。

184 「目《もっ》下《か》」

意味 目の前のとき、当面

目の下と書くぐらいですから、**目の前、すぐ近くで起こっているという意味の言葉です。**今では、時間的に近いという意味で使うことが多く、当面の間という意味で使います。「当座」「時下《じか》」「現下《げんか》」などと同じ意味です。

言いかえ例

事故の原因は目下調査中で、解明の見通しはまだ立っていない。

⬇

事故の原因はただいま調査中で、解明の見通しはまだ立っていない。

185

「歪曲《わいきょく》」

意味 ゆがめて曲げること

悪意を持って、事実をねじ曲げることです。ゼロから嘘をでっち上げる「捏造《ねつぞう》」とまでは行かなくても、**自分に都合のいいように情報を加工してしまうことをいいます。**

資料の字や語句を勝手に書き換えることは、改竄《かいざん》といいます。

言いかえ例

この報告書では、事実が歪曲されている。

⬇

この報告書では、事実がゆがめられている。

186

「従前《じゅうぜん》の」

意味 これまでの

「従」という字は「より」とも読めますから、前より続いてきた状態のことをいいます。「従来の」と同義です。

「以前」という語は、単に「前」のことを指しているという印象が強いですが、**「従前」というと、「前から今このときまでずっと続いている」という印象があります。**

言いかえ例

従前の書式は、使用不可となった。

⬇

これまでの書式は、使用できなくなった。

187

「抵触《ていしょく》」

意味

差し障りがある、法に違反する

牴触・觝触とも書き、もともと、単に「触《さわ》る」という意味でしたが、近代では悪いニュアンスの語になりました。**前の内容と矛盾《むじゅん》する、法に違反する（＝法に触れる）といった意味を表します**。

言いかえ例

法に抵触しなくても、倫理的に問題があります。

⬇

法律に違反していないとしても、倫理的に問題があります。

188

「資《し》する」

意味

役立つ、助けになる

「資」は、**材料やお金など、何かをする元手・助けになるもの**のことです。それを与え、**相手を助ける・ことをいう表現です**。「～に資する」という形で使います。

同じような意味の表現に、「貢献する」「寄与する」「利する」「有益である」があります。

言いかえ例

この製品は、日本の教育の発展に資するに違いありません。

⬇

この製品は、日本の教育の発展に貢献するに違いありません。

189 「齟《そ》齬《ご》」

意味

食い違い、矛盾

歯という字がへんになっているように、嚙《か》む様子から来た言葉です。嚙んでみても嚙み合わせがよくない状態をいいます。そこから**矛盾、ずれを意味する**ようになりました。「私とあなたの意見には齟齬があります」という言い方はあまりせず、第三者目線で客観的に評するときに使うことが多いです。

言いかえ例

両者の主張に齟齬があり、どちらを信じてよいか不明だ。

↓

両者の主張が食い違っていて、どちらを信じていいかはっきりしない。

190 「多《た》寡《か》」

意味

多いか少ないか

「寡」の字は「寡黙（言葉数が少ないこと）」「寡占（少数の企業で市場を独占すること）」といった言葉に使われているように、「寡《すく》ない」という意味を持ちます。ですので、**「多寡」は「多少」と同じで、多いか少ないかを表す言葉**なのです。

言いかえ例

応募の多寡にかかわらず、5名を代表として選出します。

↓

応募が多くても少なくても、5名を代表として選びます。

191 「遺《い》漏《ろう》なく」

意味 適切に、注意深く

注意が行きわたらず、遺《のこ》ってしまっている点や、漏《も》れてしまっている点があるのが「遺漏」です。「遺漏なく」となって、そうした**抜けや漏れがなく、注意深く、適切に取り組むこと**をいいます。「情報の漏洩《ろうえい》がないように」という意味ではありません。

言いかえ例

準備は万事遺漏なく進められているに違いない。

↓

準備は万事きちんと進められているに違いない

192 「蓋《がい》然《ぜん》性《せい》」

意味 確率、確からしさ

「蓋」は「ふた」とも読み、何かを覆うという意味の字です。そのイメージから、**予想があたっていることを意味するのが、「蓋然」という言葉です。**

今日では、蓋然性を数値化した「確率」の語が一般に使われていますが、かたい文章ではなお「蓋然性が高い（低い）」と表現されています。

言いかえ例

確固たる証拠はありませんが、蓋然性の高い仮説です。

↓

確実な証拠はありませんが、あたっている確率の高い仮説です。

193 「懈怠《けたい》」

意味
怠ける

元は仏教用語で、精進の反対語です。**やるべきことをやらない、不誠実でいい加減な態度のこと**をいいます。

借金を任意整理する際には、貸金業者との間に和解契約書を交わしますが、そこには「今後、真面目に返します」という趣旨の懈怠約《やっ》款《かん》がついてきます。

言いかえ例

警備会社は、警備員の教育懈怠がわかると営業停止処分になる。

↓

警備会社は、警備員に対する教育を怠けていることが判明すると、営業停止処分になる。

194 「瑕疵《かし》」

意味
傷、欠点、不足

「玉に瑕《きず》」という言葉があるように、欠点・欠陥のことをいう漢語です。

法律用語として使われることが多く、**商品に何らかの傷や性能不足があること、意思表示のうえで強迫や事実誤認などの問題があること、法律の規定が不十分で抜け道が残されていること**などをいいます。

言いかえ例

プールの安全管理体制に瑕疵があった。

↓

プールの安全管理体制に欠陥があった。

195 「遡《そ》及《きゅう》」

意味　さかのぼって影響を及ぼすこと

資料などを過去にさかのぼって調べたり、ある規定ができたときにそれを過去にまでさかのぼって適用したりすることをいいます。とくに法律用語で、法律がその成立以前にさかのぼって効力を持つことを「遡及効」といいます。「さっきゅう」と読む例が見られますが、本来誤りです。

言いかえ例

長年未払いだった残業代が、遡及的に支払われることになった。

↓

長年払われていなかった残業代が、昔の分からずっと支払われることになった。

196 「低《てい》廉《れん》」

意味　ものの値段が安い

「廉」の字は「清廉潔白《せいれんけっぱく》」のように、潔《いさぎよ》く欲がない様子を意味する字ですが、その欲のなさから、**価格が安いという意味にも広がりました**。「廉価《れんか》」という言い方もあります。「安い」「安価」より安っぽさや商売っ気を感じさせない言い方です。

言いかえ例

コストを削減し、低廉な保険料を実現しました。

↓

コストを削減し、安い保険料を実現しました。

197
「逸《いっ》失《しつ》」

意味
失う

「機会を逸する」と使うように、「逸」の字も、「うしなう」という意味です。とくに法律用語として使われます。

本来得られるはずだったのに、債《さい》務《む》不《ふ》履《り》行《こう》などによって得られなくなってしまう、という意味で使っています。

言いかえ例

損害賠償請求では、逸失利益を計算する。

↓

損害賠償請求では、本来得られるはずだった利益を計算する。

198
「狭《きょう》隘《あい》」

意味
狭い、度量が小さい

「隘《あい》路《ろ》」というと、狭い道のこと。「狭隘」は「狭」も「隘」も狭いという意味です。

現在では、物理的に狭いことというより、**心が狭く、人間としての器が小さいことを批判するのに使われています**。「偏《へん》屈《くつ》」「狭《きょう》量《りょう》」などと同様です。

言いかえ例

過度の成果主義は、狭隘な視野に陥らせかねない。

↓

あまりに成果主義に走ると、人々の視野が狭くなる恐れがある。

199

「誤謬《ごびゅう》」

意味

誤り

誤り・間違いを、かたい漢語表現でいったものです。

「ごびょう」などと読み間違える例が見られますので、注意しましょう。

「ミス」や「エラー」などの外来語よりも重みがある言葉です。

言いかえ例

認識に誤謬があるようなら、正さなくてはならない。

↓

認識に間違いがあるようなら、正さなくてはならない。

200

「涵養《かんよう》」

意味

養い育てること

もともと地学用語で、地表にある水が地面にしみ込み、地下水になることです。**雨などがゆっくりとしみ込み、地下水に変わるように、自然に、無理をせず養い育てることをいいます**。

具体的な教科やスキルを教えることには使わず、人柄を高めるような働きかけに関して用います。

言いかえ例

郷土愛を涵養するため、出身地について調べる授業を行う。

↓

郷土愛を培《つちか》うため、出身地について調べる授業を行う。

【著者紹介】
吉田　裕子（よしだ・ゆうこ）
●——国語講師。東京大学教養学部[illegible]卒業、放送大学大学院[illegible]修了。大学在学中から学習塾の講師に従事。卒業後も難関大学受験塾や都立高校で教える。
●——現在は[illegible]で大学受験指導を行うほか、企業の[illegible]研修等の講師を行う。また、[illegible]カルチャーセンター、公民館などで大人向けのお稽古講座や[illegible]教室などを担当し、[illegible]から90代まで幅広い支持を得ている。
●——NHK Eテレ「知恵泉」や日本テレビ系「月曜から夜ふかし」などのテレビ出演、音声配信Voicy「仕事と人生に効く！教養古典サプリ」の監修など、各種メディアでも国語について積極的に発信している。
●——著書は『大人の言葉えらびが使える順でかんたんに身につく本』（かんき出版）のほか、[illegible]（KADOKAWA）など多数。
●——本書は、2017年に発売され12万部のベストセラーとなった『大人の語彙力が使える順できちんと身につく本』を時代に合わせてアップデートし、より読みやすくなるよう再編集したもの。

[illegible]
[illegible]

【新版】大人の語彙力が使える順できちんと身につく本

2025年1月6日　第1刷発行

著　者——吉田　裕子
発行者——齊藤　龍男
発行所——株式会社かんき出版
東京都千代田区麹町4-1-4 西脇ビル　〒102-0083
電話　営業部：03(3262)8011㈹　編集部：03(3262)8012㈹
FAX　03(3234)4421　振替　00100-2-62304
http://www.kanki-pub.co.jp/

印刷所——ベクトル印刷株式会社